Pudong
Legends of
Shanghai

都市传奇

黄媛 编著

海派文化地图

The Map of
Shanghai-style
Culture ·浦东卷·

主编 张俭

上海交通大学出版社
SHANGHAI JIAO TONG UNIVERSITY PRESS

内容提要

当海岸线在 800 多年前，东进到了宝山、川沙、惠南一带时，浦东从海里长了出来，携着与生俱来的海洋气质，汇入人类的文明发展之旅。浦东人熬波煮盐、建沙船、筑海塘、造城池，让这块土地成为江、海通航之要地。

昔日摩登上海的一半高楼，由浦东的西式建筑营造商所修，张闻天、黄炎培、傅雷等众多活跃在中国政治、外交、工商业、医学、教育、音乐、文学等领域名人出身浦东。

曾一度步履凝滞的浦东，改革开放后，创造了举世瞩目的"浦东奇迹"。陆家嘴的摩天大厦，风华绝代；金融范、张江范、创业范和国际范，年轻一辈神采飞扬。美丽上海的生活画卷从浦东徐徐展开。

图书在版编目(CIP)数据

都市传奇 / 黄媛编著 . ——上海：上海交通大学出版社，2017
（海派文化地图）
ISBN 978-7-313-18013-1

Ⅰ . ①都… Ⅱ . ①黄… Ⅲ . ①地方文化 - 介绍 - 浦东新区
Ⅳ . ① K295.13

中国版本图书馆 CIP 数据核字（2017）第 198051 号

都市传奇

编　　著：黄　媛	地　　址：上海市番禺路 951 号
出版发行：上海交通大学出版社	电　　话：021-64071208
邮政编码：200030	
出版人：谈　毅	经　　销：全国新华书店
印　　制：上海锦佳印刷有限公司	印　　张：14
开　　本：710mm×1000mm　1/16	
字　　数：124 千字	印　　次：2017 年 9 月第 1 次印刷
版　　次：2017 年 9 月第 1 版	
书　　号：978-7-313-18013-1/K	
定　　价：65.00 元	

"海派文化地图" 丛书编委会

主 任
姜 樑 吴 清

副主任
徐海鹰　王国平　顾国林　吴信宝
胡劲军　马建勋　于秀芬　柴俊勇

编 委
严 旭　左 燕　陈永弟　胡 敏
温新华　钱城乡　石宝珍　邰 荀
丁大恒　祝学军　刘海涛　王美新
邵林初　李华桂　陈勇章　邹 明

总主编　柴俊勇

执行总主编　浦祖康

图片总监　叶明献

策划联络
张 奇　李墨龙　张致远　吴纪椿
慈兴国　初 旭

重绘海派文化的地理版图

柴俊勇

海派文化的地理版图究竟能画多大？

有人说，海派文化的兴起，源自上海170余年前的开埠……而从有关史料来看，四千年前即有一支河南东部移民迁徙上海，进而促使中原文化导入江南地区的这类文化融合的现象，或早已经为这个六千年前成陆的地域的文化，种下了"海派"的基因。而今天的海派文化，除了其发源地——上海以外，正在以Shanghai-style的文化姿态，影响着江苏、浙江、安徽乃至全国和海外……

上海，地处长江入海口，她背靠的是历史悠久的长江文明，前方则是浩瀚无垠的海洋文明，加上其是中国海岸线的南北中心点，地理优势可谓得天独厚。五方杂处，东西交融，既植根于中华传统文化，融汇着中国其他地域文化的精华，又凭籍了开埠百余年的历史进程，吸纳了多国文化质素的上海，久而久之造就了"海纳百川、追求卓越、开明睿智、大气谦和"的城市精神与特有的文化性格。

上海境内的每个区或多或少都保留了能体现海派文化特色的原汁原味的历史遗存，同时，仍在不断积累、沉淀着和兴起海派文化的新思潮、新创造、新成就，同时海派文化亦正在向世界吞吐着印有上海印记的品牌、文学、影视、科技、医疗、教育……这些真实而鲜活的文化现象，为在新的历史时期开展关于海派文化的整体研究，整理海派文化的历史渊源，重绘海派文化的地理版图，描摹海派文化的未来走向，奠定了充满活力、赋予意义的源泉基础。

习近平同志在上海工作期间指出：虹口是海派文化的重要发祥地。"弘扬海派文化品格……加快建设上海国际文化大都市"是中共上海市委《关于制定上海市国民经济和社会发展第十三个五年规划的建议》中表述。该"建议"对海派文化没有就事论事，而是以"海派文化+"的方式，以弘扬"品格"为基调，揭开了五年"加快建设上海国际文化大都市"的序幕。在中共上海市第十一次代表大会报告中，中共上海市委主要领导则进一步描绘了上海作为"人文之城"的未来愿景——"中外文化交相辉映，现代和传统文明兼收并蓄，建筑是可阅读的，

街区是适合漫步的，公园是最宜休憩的，市民是尊法诚信文明的，城市始终是有温度的"。在此不久前，市领导指出："必须下更大决心、花更大力气保留、保护更多历史建筑，保留、保护更多成片历史建筑风貌区""精心保护历史文脉、用心留存文化记忆"以及"以城市更新全新理念推进旧改"从"拆、改、留并举，以拆为主"，转换到"留、改、拆并举，以保留、保护为主"，同时"努力改善旧区居民的居住条件"。这似乎是对"建筑可阅读、街区可漫步、城市有温度"等的一种实践指南。

"文化"必须具备传承性、渗透性、共识性、延续性，"四性"缺一不可。海派文化以"开放包容、中西合璧、多元交融，精耕细作"的文化特征与品格，影响了世世代代的上海人，也向全国和世界展示上海独特的文化品格。"上海要在2040年成为卓越的全球城市，必须把文化发展放在城市功能和核心竞争力提升的重要位置。未来城市不会仅凭科技、制造业或金融等单一的优势立市，而是主要表现为线上与线下、技术与实业、传统与创新、过去和未来的融合、功能综合，市民精气神展示等特征，背后则是文化在起推动作用乃至决定性作用。文化大都市建设任重道远，上海作为我国改革开放排头兵、创新发展先行者，对外开放桥头堡，在文化建设上一直走在全国前列，在未来五年以及未来很长时间内，上海文化建设始终要体现国际水准、中国特色、上海精神，以此推动上海成为一座有底蕴、有质感、有脉搏的，传承过去、面向未来的人文之城。"

我们"弘扬海派文化品格"，要的是中华优秀传统文化和与世界优秀文化深度融合与创新的作用与作为，要的是海派文化如何潜移默化地影响和渗透上海的未来发展；要的是市民如何具备海派文化品格，提升文化素养，展现城市精神的点点滴滴，要的是在中国文化日趋开放的环境下如何展现中国"远东第一大都市"的魅力，让来到上海的移民与游客喜欢上海、融入海派文化……

我们感到，源远流长的海派文化内涵丰富，作用领域广泛，对于推动建设上海国际文化大都市意义重大。弘扬海派文化，必须绘制好海派文化的地理版图，只有让人们更多地了解身边的上海，才能更加爱上海这座城市。而要真正做到这点，必须充分发挥上海各区的资源优势和基础作用，发挥民间对于海派文化发展的积极作用，并鼓励社会力量以各种形式参与共同推动海派文化的传承发展。同时，进一步完善政府在培育、发展海派文化方面的政策扶持与工作举措。

此番编辑出版的"海派文化地图"丛书，由市政协领导和相关专委会共同牵头，并得到了各区政协的大力支持。丛书共分为17卷，其中16卷分别介绍16个区的海派文化资源特色和与海派文化有关的知名人物等，每一卷，将结合各区地域特色，阐述海派文化在区境内的发源、流布、传承、发展、复兴的历史轨迹和地理分布，说明海派文化的作用领域和对今世的意义。1 卷则为上海海派文化地图丛书的精选集。

希望这套丛书，能让市民与游客更多地发现和体验身边的海派文化，在品读书卷和行走城市之间，领略上海的都市风情和日新月异的变化，发现上海和海派文化的魅力。

2017 年 7 月 18 日

（国家行政学院兼职教授、上海开放大学公共管理学院首席教授）

序二

说海派文化特质

熊月之

依山多仁，傍水常智，乡处者多厚重，城居者常机灵，环境移人塑人，古今中外概莫能外。

近代上海由于国际国内多种因素错综复杂的作用，由一个普通沿海县城，迅速成长为中国特大都市。其政治架构一市三治，公共租界、法租界、华界各行其政，各司其法，互不统属，为寰宇之内绝无仅有。其经济体量异常巨大，工业、外贸、金融常占全国一半以上，人口众多且结构独特，五方杂处，中外混处，且流动频繁，既不同于荒僻的乡村山寨，不同于西安、北京等内地城市，也不同于广州、福州等沿海城市。与此相一致，其文化亦戛戛独造，出类拔萃，居民行事风格、价值观念、审美情趣，每每卓尔不群，与众不同，惹来路过者、访问者、风闻者、研究者一阵又一阵评论，或赞叹，或羡慕，或讥刺，或诅咒，或兼而有之，关键词都是：海派！海派！

海指上海，海派即上海流派。以地名作为地域文化流派之名，使其名实一体，与他处相区分，本是人们讨论、研究地域文化之惯例，古人即有南派、北派之区分，明清以来又有岭南、燕北、浙东、湘西等说法，其内涵多无褒无贬。惟海派之名诞生于近代，所涉城市为内涵极其复杂、褒贬不一的上海，故"海派"之名自始即颇多歧义。海派书画、海派京剧、海派服饰、海派文人，其抑扬意味在各领域并不一致。但是，寻根溯源，综核名实，异彩纷呈之海派表象背后，确乎有其统一的海派内核。任伯年等人的写实通俗画，吴友如等人的社会风情画，郑曼陀、杭稚英等人的月份牌广告，刘海粟的使用人体模特儿，周信芳等人的改良京剧、连台本戏、机关布景，刘雪庵等人所作风靡一时的《何日君再来》《夜来香》等歌曲，《礼拜六》等报纸期刊连载的言情小说、黑幕小说，凸显女性曲线的旗袍，适应复杂人群口味的改良菜肴，既吸收江南民居内涵、又适应集约型利用土地要求的石库门建筑，表现形式各有不同，或为绘画、戏曲，或为音乐、文学，或为服饰、饮食、建筑，但都有以下四个共同点，即趋利性或商业性、世俗性或大众性、灵活性或多变性、开放性或世界性。最根本的一点是趋利性，其他大众性、灵活性与开放性的基础仍是趋利。因为趋利，所以绘画要迎合普通买主的胃口，画通俗、写实等喜闻乐见的内容，画时装美女、麒麟送子、八仙过海。因为趋利，所以要改良各地移到上海的菜肴，改造各地传入上海的戏曲，以适应来自五湖四海移民的需要。因为趋利，所以要写普通民众喜闻乐见的小说、歌曲，要演有趣好看、吊人胃口的连台本戏，写跌宕起伏、引人入胜的连载小说。因为趋利，所以房屋既要让居住者舒适，又要提高得房率，使大房东、二房东更多获利，联排式便广受欢迎。因为趋利，所以要不断花样翻新，不断追逐世界潮流，不断制造时尚。于是，美术、音乐、戏曲、小说等文学艺术不再单纯是传统意义上文以载道的工具，房屋也不能如乡村那么宏阔气派，而要适应市场、迎合市场、创造市场、扩大市场。

通过趋利性、世俗性、灵活性与开放性所反映出来的海派文化，其本质是在全球化背景下、人口高度集聚、以市场为资源配置根本途径、以满足最广大人民群众根本需要为旨趣的城市文化。

海派文化不限于上海，但以上海为早、为多、为甚，其影响也以上海为圆心，一圈一圈向外扩散开去。海派文化之形成，原因有许多方面，其中特别需要强调的有两点，一是江南文化，二是移民人口。

江南自唐代以后，就是中国经济、文化最为发达的地区，其经济结构、文化风格，有不同于北方的鲜明特点：其一，重商，商品经济相当发达，商人地位大为提高。宋代以后，棉、丝、盐、茶在江南经济中已占有相当高比例。明代江南，已经形成一个多样化、商品化和专业化、有着充分市场机会的经济结构。宋代以后，江南地区传统的士-农-工-商的顺序，实质上已经变成士-商-农-工，亦儒亦商、商儒合一家族在江南所在多有。元代以后，江南与国际市场已有广泛而密切的联系。其二，市民文化有了很大发展。反映追求声色货利的小说、传奇、歌谣、戏曲长盛不衰，《三言》《二拍》等公开言情言性的小说多为江南文人所作，所表现的思想、格调与官方倡导的意识形态大异其趣。其三，行为偏离正统。不守传统规矩，逾分越矩，讲究吃穿，讲究排场，奢侈成风，追求新奇，在江南已是普遍现象，上海地区尤为突出。最具标志性意义的是明代上海陆家嘴人陆楫，竟然专作奢侈有益论，系统论述传统的崇俭恶奢观念并不正确，认为禁奢崇俭并不能使民富裕，而适度奢侈倒能促进经济繁荣，对于社会发展有积极意义。这是中国古代经济思想史上一朵瑰丽的奇葩。上海本为江南一部分，近代上海人虽说来自全国各地，但绝大部分来自江南。所以，上海文化底色就是江南文化。

近代上海城市人口80%以上来自全国各地，还有一部分来自外国。本地人口少，移民人口多，便使得本地文化对由移民带来的外地文化排斥力、同化力不强，这为外来移民在上海立

足、发展提供了难得的土壤。这一移民社会呈现高度的异质性、匿名性、流动性与密集性。在这里，传统熟人社会士绅对人们的道德约束机制荡然无存，个人能力的释放获得空前的自由与巨大的空间。晚清竹枝词中有一句话："一入夷场官不禁"，其实，不光"官不禁"，民也不禁。于是，个人安身立命的资本便主要是能力而不是家世，维系人际关系的便主要是契约而不是人情。于是，重利、竞争、好学、崇洋、灵活、多变、守法、包容等，便成为突出的社会现象，成为海派文化的重要符号。

还在民国时期，已有学者将海派文化作为上海城市文化的综合指称，高度肯定海派文化的丰富内涵与正面价值，认为上海在引进新思想、引导新潮流、引领现代化方面，担当了领导中国前进的"头脑"角色："一切新兴的东西，物质的，精神的，都由上海发动，然后推到全国去。虽然所谓新文化运动的五四运动发源于北京，一九二六年国民革命军发难于广东，可是上海仍是中国工、商、经济、文化、出版界的中心。从物质文化方面看，从非物质文化方面看，上海都是中国的头脑。"[1] 还有学者认为，"在文化上，上海和西洋文明接触密切，所以洋化气味较重，同时由于历次政治革命的激动，文化革新运动也随之勃发，所以海派的文化作风是好谈西洋文物，崇尚创新立

---

[1] 高植：《在上海》，《大上海》半月刊，1934 年第 1 期。

异"[1]，认为"做上海人是值得骄傲的，因为上海一切开风气之先，今后中国需要新的建设和新的作风，而在上海首先创导这种新建设和新作风"。[1] 人们还对海派文化如何扬长避短、创新发展进行了讨论，提出"培养我们的海派新风气，发挥我们海派的新力量"。[1]

江南文化本是魏晋以后由南方吴越文化吸收、融合了北方中原文化的某些成分而形成的，而海派文化则是由江南文化吸收、融合了西方文化的某些成分而形成的。在传统与现代、中国与世界、乡村与城市等相互联系的背景下看海派文化，可以清晰地看出，海派文化是中国的南北文化结晶品与近代西方文化的化合物，是城市化过程中的中国文化。在这个意义上，说海派文化代表了中国先进文化的前进方向，一点都不过分。

任何文化都兼具地域性与时代性。海派文化在不同时期，虽有一以贯之的内涵，也在不断地新陈代谢，有因袭，有创获，有损有益。不断地损益、代谢、嬗变，正是海派文化保持青春活力的根本特性。2015年，中共上海市委关于"十三五"规划建议中指出，上海要"传承中华文化精髓、吸收世界文化精华、弘扬海派文化品格"，将上海建成国际文化大都市。

[1] 姜豪：《海派新作风的培养》，《上海十日》，1946年第2期。

这是一个立意高远的愿景，也是一个涉及很广、难度很高的宏大课题。海派文化既涉及观念形态，也涉及物质层面，涉及文化创造、生活方式、价值观念、审美情趣等诸多方面。弘扬的前提是调查、梳理、研究。"海派文化地图"丛书，定位于可供新老上海人和国内外游人自助行走的海派文化体验全书，为上海传承传播海派文化发挥积极作用。按区域分卷，述其特点，明其流变；既有基于历史文献的理性分析，也有得自当下调查的新鲜知识。执笔者均为长期生活于上海、沉潜于上海文化研究、学养丰厚的作家，所作内容丰富，风格清新，文笔生动，加以图片精美，令人一旦展阅，便不忍释手。

可以相信，这套丛书的出版，对于新老上海人了解上海、熟悉上海，一定会起到导航指路的作用；在海派文化研究史上，也一定会留下浓墨重彩的一页。

是为序。

2017 年 7 月 21 日

（上海历史学会会长、上海社会科学院研究员、复旦大学特聘教授）

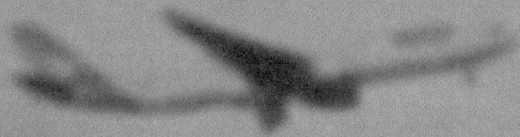

Contents
目 录

目录

The Map of

Shanghai-style Culture

The Map of Shanghai-style Culture
海 派 文 化 地 图

从海里长了出来：灶、团、场、墩、塘

　　浦东是从海里长出来的。6000多年前，海岸线在浦西的冈身地带，上海市区还在一片汪洋大海中，松江、青浦浮出海面成了陆地。1300多年前，海岸线向东推移，上海市区以及月浦、江湾、北蔡、周浦、下沙、航头一线以西的浦东出现了。800多年前，海岸线又向东推移到了宝山、顾路、川沙、六团、祝桥、惠南、大团一线，浦东基本长全。

　　所以，浦东带着与生俱来的海洋气质，浦东先民也顺从本能，靠海吃海。他们投入地制盐，偶尔打打鱼。至于浦东先民为什么没有选择渔业致富的路，这个问题交给专家吧，

浦东盐场模型　吴伟宗 摄

浦东成陆图

浦东因盐而生、因盐而兴，我们来回顾下前辈们的盐业开拓之路。

熬波煮盐需要灶头，先民们便直接以灶来称呼自己的住地，既然都以煮盐为生，当然不会只用一个灶头，于是便三灶、四灶、五灶地排列下去。做大了，灶越来越多，十几、二十几地排下去不方便，再说还得考虑管理问题。于是，把几个或十几个灶组成一个管理单元，叫"团"，也是很形象的名称，团就是盐业生产的基层单位，参照灶的命名思路，有二团、三团、四团。到了明朝，将盐场划分为数个团，这时候团成了盐区的行政单位名称。为防御倭寇，还设立了海防兵备，对沿海的团、灶实行军事化管理，制盐的同时兼职打仗。浦东还有叫"大团"的地名，直接按字面理解就对，也就是说这个团很大，管了好多灶。还有些地方叫"墩"，大洪墩、十一墩、青墩等，"墩"指的是烟火墩，具有烽火台的作用，沿海每隔一段距离，用土堆筑起一座烟火墩，供附近驻兵守望，遇有险情便点火报警。

浦东盐业生产由小到大，再到鼎盛后逐渐衰落，前后经历了七八百年时间，为浦东大地上孕育出一大批带着盐味的村镇，浦东的地名中与"场、团、灶、墩、水、路、桥"相关的，占

人民塘　吴伟宗　摄

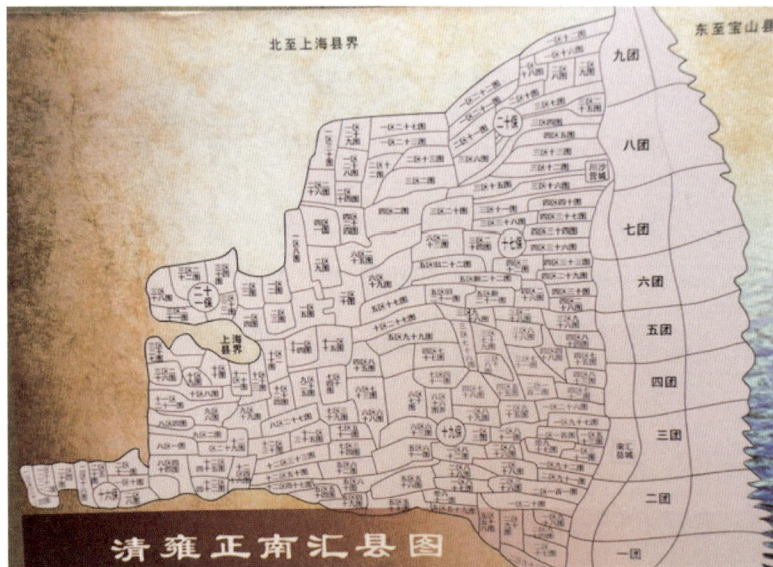

清雍正南汇县图

总量的一半以上，是浦东古代制盐业留给子孙后代丰富的历史
记忆。

　　先民们就是这样单纯、爽气、率性地给自家住的地方起好
了名字，顺手把自己生存的信息存进地名里，传给后辈。今天
的我们，看地名就猜得出当年住这的人以啥为生。原来的两大
县（川沙与南汇）得名，也是同样思路。

　　今天的川沙在明初的时候，分属于下沙盐场六团、七团和
八团的部分地域。本身即盐场，比较富庶，更幸运的是，这片
沿海滩涂有十余个洼地可以泊船，其中，以川沙洼最深最宽，

川沙古城墙

川沙古城墙

船只能够从此处直达八团老护塘脚下,是理想的运输港湾。八团镇也因此凝聚人气,盐商云集,帆樯林立,越来越兴旺。到了明代万历年间,已被人称为"滨海巨镇"了。直至明嘉靖年间,八团及其周围地区倭寇猖獗,朝廷采纳了当地民众的建议,在镇的四周一一修筑城墙,取名为川沙堡。1557 年明朝政府根据川沙抗倭英雄的提议,在川沙堡筑川沙城,川沙县城的名字由此流传。因此,原川沙县是以八团为中心建立起来的。

1992 年 10 月,国务院批复同意设立上海浦东新区,川沙县撤销,历史性地划入浦东新区。川沙镇也就是此前的八团所在地原样保留,五年后,川沙镇与东城镇同时撤销,合并建立了新的川沙镇,今天的镇东南一角还留有几十米当年修建的城墙,依稀露出曾经的容颜。

南汇的名字也简单,长江水和钱塘江水的汇合处称作南汇嘴。《南汇县志》对此的记载是:因大海环其东南,扬子江水出海时受海潮顶托,折旋而南,与钱塘江水在此交汇,故称南汇嘴,也叫"海曲""南沙"。1724 年,两江总督查纳弼疏请清政府,将上海县长人乡划出单独建县,以"南汇"命名。1726 年,清政府批准南汇正式建县。2009 年 5 月国务院决定将南汇区域划入浦东新区。因为南汇不像川沙那样有个同名的镇,所以为了延续南汇这个历史地名,就把临港新城主城区,定名"南汇新城",把这个名字给了申港街道和芦潮港镇合并建立的镇。从前的南汇嘴依然存在，还在向外延伸，现在位于临港新城的东南端——南汇嘴观海公园。

海洋在把盐馈赠给浦东先民的同时，也时常闹闹脾气，怒涛滚滚掀翻沿海一带，浦东人吃尽苦头。在一次又一次与海争斗的过程中，浦东先民由内向外修筑了古捍海塘、里护塘、钦工塘、彭工塘、人民塘。名中有塘，表示的不是水塘，而是堤坝。

众多的海塘，维系着千家万户的生命财产，是人与自然长期博弈后的握手言和，可想而知塘的故事很多很多，就嵌在名字里。

南汇嘴观海公园"司南鱼"雕塑

历史上以禁烟而名震华夏的江苏巡抚林则徐，就亲自主持修建浦东宝山海塘。那是光绪十五年（1835年）夏天，宝山海塘遭海潮冲击，灾情十分严重。林则徐率同司、道、州、县倡议捐廉并发动嘉定、上海的邻县捐助，收到捐银13万余两。10月林则徐专程从省城出发，亲自抓"兴修海塘"的组织管理，制订赏罚政策，关注塘工结构以及筑塘要求和事后的保护措施，验收也是他亲自到浦东宝山海塘进行，逐段检测新修海塘的质量。

浦东另一条塘——钦公塘，前身是外捍海塘，1732年受灾被毁，南汇首任知县钦琏临危受命，重新修筑了这条塘。从南汇的五墩威水庙开始，往北一直到黄家湾，往南一直到奉贤城，全长45公里左右，为了纪念钦琏，这条海塘被改名为钦公塘。

1949年7月24日，六号台风正面袭击祝桥、老港地区，高桥海塘被冲破，决口20余处，川沙、南汇海塘也被冲破，决口50余处，一片汪洋。灾情发生后，时任上海市市长的陈毅当即号召上海各界人民投入抗灾抢修海塘工程，并亲临抗灾第一线的决口进行勘察。一条新的海塘终于抢筑加固成功了，陈毅市长建议将其命名为人民塘。从此，东海之滨有了一条人民塘。

如今的海塘，具有抵御百年一遇风浪的能力，固若金汤。

浦东人在人民塘和胜利塘上种活了 5500 亩的海上水杉林，使这儿成了上海地区最长、面积最大的防汛护堤林，抵御海患的同时，改善生态环境，增添海滨风光。海塘凝结了浦东人不屈不挠的奋斗精神，也是浦东人与大海和解的符号，是人与自然寻找到平衡之道的结果。

前世今生陆家嘴：从叶宗行到陆深

上海的黄金水道——黄浦江，在明朝朱棣夺取皇位称帝的时候，还是一条不知名的小河。那时候，在上海这片版图上，东西向的河流叫河或塘，南北向的称浦，够得上叫"江"的只有一条，吴淞江。这个江名后来虽然消失了，但还是非常不甘心地在上海留了个印记，黄浦江的入海口至今仍称吴淞口，而不是黄浦口。那么吴淞江去哪了？它还在上海，缩小了，就是

陆家嘴历来是航行的难关，船舶肇事屡见不鲜

陆家嘴历来是航行的难关，船舶肇事屡见不鲜

现今的苏州河。这个江变河，河变江的戏法，不是大自然自说自话形成的，而是人的杰作。对这件事下命令的是永乐帝，他派大臣夏原吉治水江南，疏浚吴淞。但是，为此事出谋划策的却是浦东人叶宗行。

叶宗行，明初华亭县叶家行人，地址在浦东与闵行交界处，如今从行政区划上归了闵行区浦江镇正义村，但不少专家学者称其为浦东人，历史上黄浦江以东都称浦东，就广义范围而言确也不错。

继续"江河变"。这一工程有个专业名词——江浦合流。北宋以前，吴淞江非常宽，有"一江可敌千浦"之气势，宽到站在吴淞江的这边看不到对岸。元明的时候，吴淞江下游淤塞

位于浦江镇召稼楼的叶宗行塑像

越来越严重，以致从海里来的船驶不进来，不得不一而再再而三地疏浚，直到明永乐年间出了个叶宗行，方给出了一劳永逸的法子。他直接颠覆了前人在吴淞江里不停挖的做法，改为拓宽黄浦，引吴淞江水在今外白渡桥处入黄浦，又建水闸调控水量。从此百姓安居乐业，经济蒸蒸日上，为日后上海城市的发展提供了得天独厚的条件。黄浦江不仅成为城市主要的泄水通道，还逐渐形成了黄浦江水系，为上海成为著名的东方大港，打下了基础。

黄浦江升级成功后，陆家嘴借势出场了。黄浦江流到陆家嘴这一块，来了个90度的大拐弯，在江东形成一片突出的滩地，富有想象力的古人从江这边望过去一看，那边怎么像只巨大的金兽伸出脑袋，张开嘴巴在饮水，"嘴"就这么来的。那么"陆家"出自何典？浦西有个徐家汇，名字因徐光启后人聚居于此而得。同样的缘由，陆家嘴也是因为陆姓家族世代居住于此而得名。这个陆姓家族也是赫赫有名，成就不比徐家小。

　　陆家的先祖，是战国时齐宣王少子通的后裔，到陆家嘴定居的第一个正主是陆深，这位可不是一般人物，他是上海历史上的位高权重者，被皇帝点了翰林的。他一生数次出仕、数次回乡，当官的足迹遍布江苏、福建、山西、浙江、江西、四川，1544 年 62 岁，终于得以荣归故里。他在文坛也有很高的名望，诗文书法上佳，著《俨山集》和《俨山外集》等。他藏书颇丰，达数万卷，特建有"江东山楼"藏书。和古代那些能官能文的名家一样，他还是个很会享受生活的人。1521年他借父亲病故之名，留在陆家嘴家里休长假，趁机建了个后乐园。据说园名取意于宋范仲淹名句"先天下之忧而忧，后天下之乐而乐"，表示自己虽然隐退着，亦不敢忘忧。这个园子如今已经无觅处了，上海的各路专家多番寻访，只能猜测大约在烂泥渡路附近，离陆深墓地不

陆深石刻像

陆深墓前石马

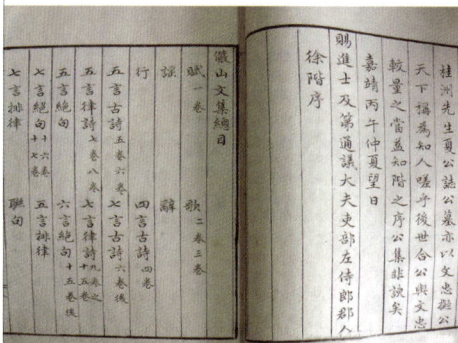
陆深著《俨山文集》书影，明嘉靖刻本

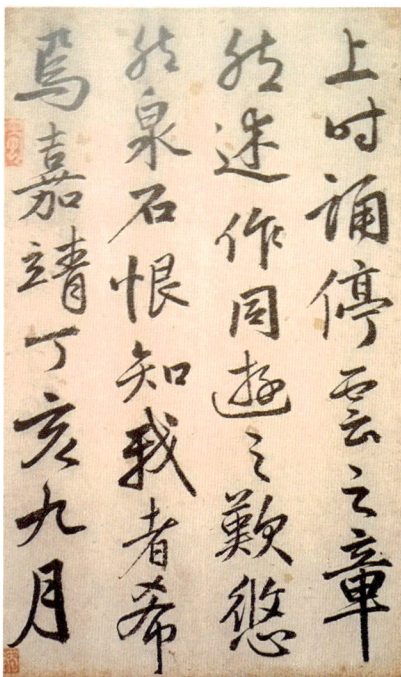
陆深书《偶写寄东石书册》局部

远的地方。实景之美是欣赏不到了，我们只好从那时代人留下的文字，想象一下后乐园的妙处，《松江府志》对后乐园有大段记载，我们就选一句："隔岸楼阁一望如画"，由此可见一斑。

陆家后代枝繁叶茂，浦东数处名为陆家宅的地方，都和陆深家族有关。子孙后代在文化思想领域留得大名的也不少，陆楫、陆明扬、陆起龙、陆鸣珂、陆瀛亮、陆秉笏、陆锡熊等均在文化上有所建树。其中，最有个性的是陆深儿子陆楫（1515~1552），现代人冠他为明代经济思想家、文学家，他可以算奢侈品经济的祖师爷了。在惯以节俭为美德的传统中国，他惊世骇俗地放言说从来没有见过因为高消费导致贫穷的事。他还说个人或家庭靠着节俭能够温饱度日，但这个社会提倡节俭就不行了。他认为当时的江南一带之所以富裕，盖因这个地方的人生活考究。他还有一个观点"华夷辩"，也非常特立独行，用现代话来解释，所谓"华夷辨"是人无论国别种族，文化好的人就是华，文化低的人就是夷，如果老外文化好也是华，中国人文化差也是夷。

华夷之分，古已有之。通常"华"指的中原华夏地区，而"夷"以边远地区少数民族为多。但是，到明朝，这个华与夷的含义已发生质的变化，明成祖朱棣从公元1405年到公元1433年，派郑和七次下西洋，历经西南太平洋和印度洋，最远达到非洲东海岸。以此推论，到了陆楫时代（1515~1552），明朝人概念里的"夷"大抵扩展到中国版图之外的亚洲和西方。所以，这里的"夷"就不单单是中国的少数民族，包括今天意义上的老外，当然也将高鼻子、蓝眼睛的西方人囊括在内。

此时，远在西方的欧洲正处于文艺复兴运动的高潮，热衷于地理大发现，麦哲伦率船队环球航行，穿越太平洋，途经菲律宾停留，但并未到过中国。而在中国面向太平洋的东海之滨，没有直接接触西方文明的陆楫，已经拥有了接纳世界各国人的胸怀，只要你的文化被他认定为"好"的一类。这也算"海纳百川"精神的体现啊。

浦江东岸的追逐：第一条长途轮渡

　　黄浦江自上游青浦流经上海市区抵达长江口，从地理上把上海分隔为两部分。数百年里两岸之间只有手摇的小舢板，在江面划出一条条流动的曲线，把浦西、浦东系在一起。

　　维系两岸的渡口，原本都是义渡，不定期不定班，有人过江就开船。清代的时候，浦东沿岸形成著名的八长渡：老白渡、烂泥渡、陆家渡、高昌渡、南仓渡、永济渡、杨家渡和周家渡。

舢板、划子作为市轮渡的补充

夏季，市轮渡每晚八点半开辟乘凉夜班船

这些渡口最初是由来自山东、苏北、宁波等地的农民渔民，以撑划子、摇舢板往来摆渡自然形成的。

手摇的小船，抵不住大风大浪。和中国内陆紧密相连的浦西，于20世纪初跃升为远东大都市。而一江之隔的浦东，纵然拥有出海的便利，依然荡悠悠、荡悠悠。浦西霓虹灯亮起的时候，浦东还飘着村烟与海雾。一道江水，生生把都市的东进之路给挡了。

驿动在辛亥革命前一年开始，1910年12月5日，从浦东的东沟码头驶出一条小火轮，开往浦西铜人码头，是黄浦江上第一条长途轮渡，也是第一个官办轮渡，经营者是浦东塘工善后局。从此，黄浦江上，轮船的汽笛声越来越亮，越来越持久，而艄公的吆喝声一点一点的弱了再弱。

黄浦江上的小火轮可以上溯到 1909 年，浦东塘工善后局在进行黄浦江支流的东沟及附近河道的疏浚工程期间，为了方便自己职工来往工程工地，特地租用一艘火轮在北京路外滩的铜人码头和浦东东沟码头间行驶。因为职工人数有限，一般不过四五十人，小火轮空着不如顺带搭乘些需要过江的市民，当然不会白白供外人搭船，也是要收点费用的。船费应该比舢板的高，然而火轮的优越性也明显，又快又安全，比舢板更能抗风雨，逐渐从舢板那儿吸引过来不少乘客。塘工善后局在结算当年收支时惊喜地发现，这些酌情收取的费用，竟然轻松抵消了租船的费用。于是，便有了正式开办轮渡的设想。

今天我们已无法考证，是谁第一个发现了轮渡中蕴藏的巨大商机，是谁提议把一个公司内部的"班车"，变成赚钱的公共交通。有据可知的是轮渡开办之初困难重重，频遭干扰，眼红的人太多太多，利益驱动下，不少商家甚至勾结外商，挟领事之力来争夺航行权。从 1911 年到 1916 年，德商、日商多次加入混战。塘工善后局据理力争，斗智斗勇，1916 年赢得阶段性胜利，由当时的交通部及江苏省公署定案，将上海浦东塘工岸线范围内的航行权，划归塘工局独享。在此范围中，他轮不得筑埠、载渡、经过、停顿、拖驳。自此，黄浦江上相安无事十余年。

1938 年上海特别市公用局船舶管理处设浦东办事处

　　1927 年，浦西的外滩已经高楼林立，黄浦江面的轮渡也穿梭频繁，大大小小的公司，争先恐后开出了数条轮渡。为改变黄浦江上混乱的轮渡运营管理，已成立的上海市特别政府宣布，撤销整编浦东塘工善后局，将轮渡业务收归上海市公用管理局，这一年官办轮渡级别从浦东上升到市政府。

　　20 世纪 30 年代，闪烁斑斓的霓虹灯照亮上海的夜空，也照亮热闹非凡的黄浦江面，江上不仅有手摇舢板、火轮，还有游览船。船，已经从纯粹的交通工具，变身为摩登上海的娱乐；码头的定义在离别和到达之外，加上了寻乐。是抗战爆发终结

1910 年，浦东塘工善后局率先开办机动船渡江业务。是年九月，浦东塘工善后局"经禀准县道立案"，租赁小轮附载旅客酌收渡费。航线为铜人码头（今南京路外滩附近）至浦东东沟，是上海第一条正式渡江线。后来，商界和各市政机构合作，成立市轮渡公司，统一经营市轮渡

了繁荣之景，真正的复原待新中国成立以后才慢慢实现。1956年，上海全市渡轮行业进行公私合营改造，传统的民营舢板因安全问题被全部取消，划了数百年的小船从此消失了，宣告着农业文明的逝去。

从舢板到火轮，从渡口到码头，从农业文明转向工业文明，从乡村走向都市，上海的画风渐变。

时间快进到 1993 年，上海市轮渡公司航线达 21 条，日客流量 100 万人次，最高日客流量曾达 110 万人次，创日轮渡人数的峰值。这年以后，隧道、大桥陆续建成，乘坐轮渡的人数开始掉头下跌，作为交通工具的轮渡日渐萎缩，而作为娱乐形

式的黄浦江游览船，日渐兴盛。

有关轮渡的记忆，虽然不都是愉快的，特别是 1987 年陆家嘴轮渡，因大雾造成重大伤亡事故，让多少家庭陷入了无尽的悲伤。但其底色总体仍然是温暖的，是老上海人无法磨灭的。黄浦江轮渡最鼎盛时有 20 来条线路，上游可上溯到闵行，下游一直到共青森林公园、嫩江路。至今还有不少上海人记得小时候被父母抱在怀里，坐上轮渡，吹着江风，看着外滩万国建筑博览群，感觉坐一次轮渡即可抵上一次假日公园游玩的兴奋。

现在，让我们迎着江风，回头认识一下浦东塘工善后局。这个在今天看来，名称有点不知所以然的半官方机构，成立于 1906 年，系浦东金桥人谢源深联合朱有恒、朱有常等上书上海知县创办。主管浦东市政基础建设，管辖范围在黄浦江以东，当时被称作二十二、二十四保各图，即今天的洋泾、塘桥、高行、陆行四区，主要从事塘工、河工、路工、防务、学务、善举、航业等各项公益事业。

几个浦东人自发向政府要来了机构，拿到了责任，却没有政策倾斜，没有资金支持。这个所谓的"局"四不像：不像政府部门，不像公益组织，不像民间机构，不像企业，却又都沾点边。他们进行浦东市政基础建设，还兼城管、协管、慈善。所有费用由创始人从自己口袋拿一部分，募捐一部分，想办法赚一部分。赚钱的途径，上文提到的轮渡是其一，另有一块来源是田租，他们把民田压废的土地收进来再分给农民种。最大一块收入是老外缴纳的土地租金，系他们与浦东洋商交涉的成果，通过不断的谈判施压，迫使老外把该缴的钱掏出来。

塘工善后局的头等大事是疏浚航道和修路，至于开设上海第一条长途轮渡，且首开黄浦江上轮渡的官办之举，是无心插柳而已。

今天的研究者，有不少人认为浦东塘工善后局为浦东开发先驱，因为近代浦东的市政建设，就是始于这个机构的创立。创始人和总负责谢源深1921年去世，为纪念他在浦东市政建设中的贡献，浦东各界商议后，决定将他主持修筑的那条路改名为源深路，是浦东唯一一条以近代浦东人命名的马路。

塘工善后局的作为，意味着浦东一直追着浦西的都市化进程，尽管追得气喘吁吁，但决不停下来。从那时到1990年，浦东始终以追逐者的形象，在黄浦江的另一边时而走、时而跑，及至抓住改革开放的机遇，以蕴积了百年的力量冲刺，一跃而成改革开放的排头兵。回望历史，我们看到，当年的领跑者中，塘工善后局的身影依然清晰。

英雄何惧问出身：沙船、海运、开埠

上海市的市标，由沙船、白玉兰、螺旋桨三个元素构成，白玉兰是市花，而螺旋桨表示航运，寓意不断前进。沙船是什么？现如今别说知道沙船甚至听说过沙船的人都不多，从登上市标这一点来判断，其必定对上海有着特殊的意义。

上海市市标

沙船是一种平底船，是上海特色，也是上海人的发明。

上海向南海水较深，向北较浅，南来的船只习惯在深水区航行，到了上海无法继续向北航行，而且从上海往北的海域，洪沙多，退潮时沙滩露出海面，南方的尖底船就被困住了。因此，南来的货船不到上海便卸货，转运河送货，直到沙船被发明出来。

　　发明沙船的是浦东人张瑄和崇明人朱清，他们是结拜兄弟，都不是有学问的人，张瑄根本不识字，俩人一起干的活，是当海盗。有些记载为先人避嫌，忽略不提。其实，英雄何惧问出身，张瑄从一介草莽到朝廷重臣，一生经历跌宕起伏，非常励志，好一个威武霸气的浦东人。他没文化但本领高强，胆识过人，被海盗推为首领，率领一帮好汉，在浦东沿海纵横叱咤，主要贩卖私盐，当然一定干过抢掠的事。到底是上海人，张瑄不仅彪悍，也精明得很，具有审时度势的眼光。元朝初年，他掂量了下形势，决定率众海盗归顺朝廷。他判断准确，行动迅速，顺顺当当入朝为官，立了很多战功，得到最高领导忽必烈的赏识。当时政府财赋主要依靠经济发达的江南地区供给，而那时的大运河干涸不畅，漕粮北运成了一大难题。张瑄站了出来，提出海运设想。驰骋海上多年，让张瑄把这片海域的脾气摸得透透的，他设计督造了60条专用海上运输的帆船，沙船诞生了。

　　这种平底船完全不惧北方的浅滩，也无畏多洪沙的海，它最多平搁于沙滩，待海潮上涨便可继续航行。海上漕运从此开始，上海的发展步入上行通道。张瑄的官越做越大，忽必烈对他的赏识也到了无以复加的地步，临死前还要手下大臣必须保全张瑄，想来也是有预感的。果然，新皇帝上位不久，找个借口就把张瑄杀了，海上霸王以悲剧的形式落下人生帷幕。

　　张瑄的传奇人生和他的沙船，在上海历史留下明亮的一笔，正是他的作为让上海海运港口的地位及政治地位重要起来。连着带动江浙沿海几十万人从事海运活动，不少人赚得盆满钵满，促进了这个地方的经济发展。造船技术也得到极大发展，郑和下西洋的造船技术及人才队伍，都与张瑄、朱清的班底有关。上海的造船和航海技术、航海人才，就是在这个时候培养出来的。

因而，沙船在上海的发展和海洋文化品格的形成中，是关键的起点和推力。到了清朝，黄浦江上大小沙船300余条，常年航行在上海到天津的北洋航线上，上海也成为江海均可航行

沙船

的大都会。

历史到了 1843 年，又是一个拐点，上海开埠，全世界冒险家纷纷涌入，英、法、德、日、美利用先进的造船技术挤兑打压中国航运业，垄断航运交通，控制沿海经济。沙船日落西山，终于出局。

与沙船一起被掠夺的还有黄浦江两岸的码头，从 1853 年，浦东出现第一个外商码头，到 1926 年黄浦江两岸的外商码头已有 37 个。软弱腐朽的清政府，把保税特权也给了老外，德国瑞记洋行在陆家嘴附近建造的油码头，就是最早享有这一特权的码头。

在外国人的虎视眈眈之下，中国的民族资本家并没有弃权，他们中有人拍案而起。煤炭大王刘鸿生与人合资购进了英商怡和洋行在浦东董家渡路的码头产业，之后又频频出手购买码头，1927 年豪掷 32 万银元，买下浦东周家渡地区的荒滩，建了座水泥钢筋码头，即今天的周家渡码头，是上海港规模最大的私营华商码头。

痛感中国工业之落后，1872 年洋务派的领袖李鸿章，开启中国近代工业的序幕。在此重要时刻，一位贴有浦东、沙船标签的重量级人物出场，义无反顾地扛起振兴中国航运的重任。他就是朱其昂，浦东高桥人，张瑄的同乡，沙船世家，也是个卓有见识的富豪。他受李鸿章所托，为最早的官督商办轮船企业——轮船招商局，拟定章程，并成为实际创办人。朱其昌招来两个也是沙船大腕的兄弟朱其诏、朱其彝共同创业，从劣势中奋起，艰苦地与外商抗争。他们从洋商手中挽回利权，开拓了日本、菲律宾、新加坡航线，驶向世界。

1876年，一个特别值得纪念的年份，轮船招商局以222万两白银购并了称霸中国江海10余年的外国最大航商——美国旗昌轮船公司，扬眉吐气。这是晚清第一个走向世界、参与海上航运市场竞争的中国企业。此后，招商局创办近代第一家保险公司，第一家修船厂等等，推动民族工商业的发展。1947年，以招商局为首的轮船业在上海成立全国轮船商业联合会，理事长也是个浦东高桥人，他是大名鼎鼎的海上闻人杜月笙。

轮船招商局兼并了外企旗昌轮船
公司。图为轮船招商局大楼（1901年）

原马勒船厂办公楼

　　那时浦东还有个英商的马勒船厂。马勒这个名字听着耳熟，没错，他就是浦西那座漂亮的、有童话风格的马勒公馆主人。在浦东的造船厂，他也建造了一幢现代独立式花园别墅，取名为"浦东马勒公馆"，也非常幸运的得以完整保留至今。1937年11月上海沦陷，马勒造船厂因远离战争而着力发展生产，闷声大发战争财。太平洋战争爆发后，马勒造船厂进入衰退期。抗战期间，马勒造船厂的工人在中共地下党组织领导下，以互结兄弟的形式发展抗日组织，进行抗日活动，留下了光辉一笔。

造了半个上海城：西式建筑营造商

对他们的印象，最初来自一个名词解释式的条目——中国近代第一批西式城市地标建筑营造商群落，建筑商和浦东历史上那些重量级的人物相比，似乎分量不够，可以跳过。就在准备翻页的刹那，瞄到一行字：浦东高桥营造商，参与承建了海关大楼、和平饭店、汇丰银行、国际饭店等上海地标性建筑。有万国建筑博览之称的外滩建筑群，三分之二以上由他们承建，历史上曾有"浦东人造了半个上海城"之说。建筑是一座城市文化最有影响力的代表，我们有关 20 世纪十里洋场的印象，绝对离不开这些卓越的建筑群。那么跨越黄浦江，来造起这些建筑的群体，对上海文化产生的作用就不可估量。

建筑商在旧上海被称为"营造商"，1949 年以前，由浦东人正式注册开办的营造厂达 27 家。第一家中国人开办的营造厂为杨瑞泰营造厂，就是浦东川沙蔡路镇人杨斯盛在 1880 年设立。杨斯盛出身贫寒，13 岁家里变卖了一只老母鸡给他作盘缠过江来到浦西，投奔在建筑工地打工的哥哥，当了名泥水工。因为手艺好，得到洋人赏识，被海关聘去专门修房子。十几年的房子修下来，他掌握了先进的建筑技术，还能说一口流利的英语，也结交了些友好的外国人，积累了不少优质人脉资源，从而自立门户。

1891年上海江海关（今上海海关）施工招标，意大利商人皮特尔中标。对此杨斯盛不服气，他豪迈地说："代表中国主权的海关岂能让外国人造？如此实在脸上无光。我不惜倾家荡产，也要和外国人争个高低。"[1]。果然，中了标的皮特尔并没能趾高气扬多久，在遇到地下水位上涨无法打桩的难题时，便停工进行不下去了，杨斯盛接标施工，在1893年完成了海关的建造。这一成功，大长中国建筑工匠的志气，开启浦东营造商的光辉历史。

杨斯盛，1880年创设上海近代建筑史上第一家营造厂——杨瑞泰营造厂

[1] 唐国良主编，《浦东近代营造》，浦东新区文史资料委员会，2004年1月

　　有着杨斯盛榜样在前，浦东一大批后生加入营造业，他也乐于提携后辈，把杨瑞泰营造厂办成了营造业经营人才的摇篮，他直接带出来的就有顾兰洲、赵增涛、李贵全、张兰堂等。

　　顾兰洲也是蔡路人，出生贫困但勤奋好学，曾跟随杨斯盛参加海关二期的建设，深得杨的器重。1892年顾兰州独资创办顾兰记营造厂，承建了位于外滩的英国领事馆、南京

汇中饭店由玛礼逊洋行的建筑师司高脱设计，王发记营造厂承建，1908年落成

顾兰记营造厂承造的上海太古洋行大楼

百乐门大舞厅聘请中国建筑师杨锡镠设计，陆根记营造厂承建

英国大使馆、上海太古洋行和先施公司等。他敏锐地发现石库门开发的商机，利用积累的资金和技术，购地建造石库门住宅，仅在上海就开发了 2000 幢左右的石库门，加上在北京、天津、南京等地开发建设的房产，他成为富甲一方的房地产商。

和杨斯盛私交甚好的王松云是高桥人，在杨斯盛开办营造厂时，他入股鼎力相助。他先与宁波人合资办仁泰营造厂，后来独自开设王发记营造厂。他也结识不少外国人，其中有上海滩名人哈同，1904 年哈同把爱俪园交给仁泰营造厂建造，1909 年完工，王松云由此扬名。外滩当时最高的建筑——汇中饭店大楼建造时，业主英国人找到他，但又有些犹豫，对他能否造高楼没有信心。这时，杨斯盛出面做担保人，英国人才将汇中饭店工程发包给王发记营造厂。其间，他数次在杨斯盛的帮助下化解难题，像建造过程中的地基倾斜问题，就是在杨斯盛的技术支撑下顺利解决的，圆满完成了这一上海建筑的佳作。汇中饭店在新中国成立后改为和平饭店。

跟杨斯盛学过艺的蔡路人陶桂松，后来名列上海近代五大营造商之一。他在 1920 年创办陶记营造厂，1923 年承接永安公司老板郭乐、郭顺在南京西路 1400 号的住宅，宅邸修建得相当气派，大大超支，他便自己贴本钱进去。就此获永安老板的青睐，得到了永安新楼"七重天"的承建权。外滩的中国银行新厦、美琪电影院、沪光电影院也都由他承建。抗战胜利后，他被推荐为上海市营造业同业公会整理委员会5人成员之一，承担重组任务。

周瑞庭也是高桥第一批营造商，在杨斯盛、顾兰洲手下承包过工程。他在营造商中受教育程度算高的，读过私塾，懂英文，对西方近代建筑较熟悉。1895年创办周瑞记营造厂，礼查饭店、外白渡桥、杨树浦发电厂一期工程、俄罗斯公馆（苏联领事馆）、扬子大楼、新闻报馆、敬业中学、四行储蓄会虹口分会大楼、圣三一堂翻建和乍浦路桥都是他承包建造的。

在群星闪烁的浦东营造商中，有一位参与了巴拿马国际博览会中国馆的建设，他是浦东高东镇人朱云山。他办的营造厂名朱泰森，著名的大世界游乐场是他承造的，黄浦江港区码头、南京中山陵的中山路也都出自他的营造厂。巴拿马国际博览会的中国宫殿式展馆，采取了在国内拆为散件，再运过去实地组装的方式。他的宅邸，位于浦东高行镇的宝善堂，也是他自己建造的，当地人称"浦东第一宅"。

营造商朱云山参与了巴拿马国际博览会中国馆的建造

浦东的营造商，普遍出生贫困，都具有勤奋好学、不畏挑战的特质，不少人通过自学掌握了英语，能够自如地与外国人打交道，因而兼收并蓄中西文化，成为业界翘楚，每个人都活成了"励志大片"。多数人发达后，都不忘回馈社会，捐资兴办教育，修筑公用设施，踊跃支持慈善事业。

陆根记营造厂创办人陆根泉

没钱也敢修铁路：上川铁路、上南铁路

　　"火车一响，黄金万两"，铁路对经济的影响，被天才地概括为这通俗的八个字。因此，2000年6月11日，上海地铁二号线通车典礼，时任市委领导全部到场，由这个豪华阵容，可知市政府对这条铁路将带给浦东的影响，寄予了多么大的希望。这是时隔25年后，浦东又迎来了火车。

　　没有写错，浦东在1925年就有小火车穿梭往来，川沙南汇人坐火车转轮渡去浦西打工经商见世面，浦西的少爷小姐乘轮渡转火车到浦东郊游白相，方便来兮。

　　创造了这方便的是几个如雷贯耳的浦东人：黄炎培、穆湘瑶、张志鹤、凌云洲、顾兰州等，1921年1月，他们发起筹建上川交通股份有限公司，董事长是黄炎培。从浦东塘工善后局和川沙县交通事务所手里取得上川县道30年的经营权，建起了浦东历史上第一条铁路，也是近代上海第一条民间招股的商办铁路。

　　造铁路是要钱的，而且投入相当高，第一期就需要资金15万。当年民政总长李平书动过在浦东修沪金铁路的念头，因资金而搁浅。靠政府拨款是白日梦，只能依靠民间的力量。黄炎培率众人用了现代的方式筹款——发行股票。就在上海街头卖股票凭证，认购者踊跃，资金问题妥妥解决。黄炎培亲自起草《上川交通股份有限公司章程草案》，并在 1924 年 4 月的"上川公司"创业会上表决通过。就在此次会议上，凌云洲和顾伯威分别做了招股和工程报告，选举产生了董事和监察员。从组

上川铁路庆宁寺站

上川铁路与小火车

周家渡渡口的铁路车站

上川铁路的油电机车

上川铁路的福特车

织上完善了上川铁路建设的领导。此时可以说上川铁路建设已万事俱备，随后便紧锣密鼓地投入施工。

1925年10月8日，上川铁路庆宁寺到龚路段，长13.9公里，竣工通车。翌年7月10日，第二期工程龚路至川沙段通车，全长为21.15公里。1936年，又分别从川沙县政府和南汇县政府取得川钦县道和南川县道承租权，将铁路延伸到了祝桥站，总长达35.35公里，沿途14个站，全线通车。

因当时新建的川沙铁路与川沙城区的主干道北门外街（即今王桥街）交叉穿越，特意追加投资建造了一座小型立交桥，长11米、宽12米，钢筋混凝土结构，桥孔为拱形，宽约8米，桥底最高处离地3米，

川沙站遗址，两扇漆黑的木栅栏仍然保留着20世纪二三十年代的建筑风格

可行人也可通车，桥面北侧铺设铁轨，南侧宽约 4 米为人行道。1926 年立交桥完工，时任川沙县县长的李冷为此桥题写了桥名"飞虹复道"四个大字。这是浦东第一座立交桥，足足比上海第二座立交桥共和新路铁路旱桥早出生了 30 年。

浦东的另一条铁路，是从周家渡到南汇周浦镇的上南铁路。这条铁路与上川铁路同年建成，但比它早了 18 年结束，只运行了 32 年。领衔开发这条铁路的也是浦东一位重量级的人物，被誉为"浦东开发先驱"的穆湘藕。1922 年 5 月，上南县道从周家渡到南汇周浦镇竣工，上南长途汽车公司开办汽车客运。1925 年春，因经营亏损，由上南公司在原有路基上铺设轻型轨道，通行铁道机车，全长 13.85 公里，经过县境内杨思、三林、陈行地区。

上川铁路

上川铁路的蒸汽机车

　　两条铁路通车后，成为现代工业文明向浦东更深入地挺进的依托，浦东地区的纺织业、抽纱业迅猛发展，光川沙一地抽纱公司就多达 130 余家，开足马力欲追赶浦西。

　　两条铁路命运相似，抗日战争爆发后，铁路运行得不到保障，部分路段被炸毁。新中国成立后，铁路得以修复。1957 年 12 月，由于城市的扩展、上钢三厂拓建，上南铁路先被拆了，打回原形，复为上南公路。上川铁路长寿了些，1949 年 7 月，已任"中央政府"领导的黄炎培还约当年修建铁路的同仁，一起乘上川铁路小火车回家乡参加活动。1975 年，上海市政府（上海市革命委员会）决定拆除上川铁路，原因是没有配件。拆除后的机车被移往苏北农场，运送石头围海造田。同年拆了路基，开辟建成上川公路，从上川县道到上川铁路再到上川公路，绕了一圈重回原点。从这一年起浦东的铁路史进入空白，直到 2000 年 2 号线开通，然后是 4、6、7、8、9、11、12 号线，规划中的 20、22、24 号线，以及由中德两国合作开发的世界第一条磁悬浮商运线，铁路一条条建，火车飞驰。

少安毋躁，上川铁路的故事还没有讲完。

2007 年，凌凯礼，当年上川铁路公司三大股东之一、也是铁路设计师的凌云洲的曾孙，找到了上川铁路小火车站遗址。他的家庭与上川铁路，那是几十年不变之情结，父亲凌企云从小就给子女讲述浦东小火车的故事，讲述祖辈对家乡的贡献。

上南铁路车站

川沙的小火车

1999 年，凌企云去世，临终前念念不忘的还是家乡的小火车，希望儿子能回到故土寻找小火车的轨迹，不要让那段历史被淹没。父亲去世后，凌凯礼开始着手收集相关资料，跑川沙档案馆、顾路镇文史办，找曹路镇凌家圈很多的老人了解那段历史。心心念念想将上川铁路川沙站原样修复，再现当年的生活场景。把这里做成中小学生爱国主义教育基地，让更多的人铭记那段历史。几经周折，他的愿望总算部分实现。2013 年 6 月，川沙新镇将"川沙火车站"和"飞虹复道"合二为一，在华夏东路、北市街口，放置机车一台，纪念上川铁路历史。

回眸一瞥的惊艳：高桥海滨浴场

　　遇见高桥海滨浴场前，以为20世纪30年代的浦东，与摩登上海时尚的距离不能说差个十万八千里，也隔着好几层。殊不知，1935年夏，上海最时髦的风尚是"到高桥去"，明星、名媛、名作家、商界大亨，纷纷乘轮渡换公交再转黄包车，抵达高桥海滨浴场——上海第一座海滨浴场。更令今天的上海人羡慕的是，当时的海滩上，居然尽是明净的白色细沙，海里面翻滚的，也是清凌凌的碧波。

　　建设海滨浴场的动议在1930年提出来，被列为市政府的重大工程，市政府专门成立修建海滨浴场海塘驻工办事处，郑武奎为办事处主任，工程承包给商人孙森记，合同也是市政府出面签订。前后两任市长张群和吴铁城都亲自过问工程，解决经费问题，快及得上市政府一号工程了。

　　1932年7月16日，海滨浴场初步建成试营业。几

20世纪30年代高桥海滨浴场

乎今天海滨浴场可见的娱乐设备，当时都给配到位了。除基本的更衣室、瞭望台、救生设备之外，还有旅馆、饭店、酒吧、舞厅以及专供垂钓的池塘。美中不足的是交通还不够便利，公共汽车从高桥天灯口码头开出，到高桥镇就无路可行了，游客得换人力黄包车前往海滨浴场。好在这个问题在第二年就一举解决，上海工务局将路修到了海滨的海高路，1933年的夏天，公交车直驶海滨，吃、喝、玩、乐、行、住，服务全覆盖。

便捷的交通，时髦的设备，只需再加上一个要素——可承受的费用，浴场的人气可不就旺起来了。据记载，1936年，浴场游玩的联票价格是六角八分，包含从浦西乘轮渡二等舱往返，从高桥天灯码头到海滨公共汽车的来回，以及浴场的门票。这在当时基本属于大众消费水平（对比一下，1935年上海牌咖啡3.5元一斤），可谓物美价廉。所以，那几年夏季，高桥的海滨浴场可用火爆来形容，在高桥码头接送游客的公共汽车，通常十辆同时开行，场面甚为壮观。

于是，当中国内地多数地方的女性还穿戴得不露胳臂不露腿的时候，身着泳装的上海女性，成为东海海滨最亮丽的风景。在高桥海滨穿泳装的女郎形象频频见于月份牌和画报，媒体大赞上海小姐也染上好莱坞风气，以褐色皮肤为美，穿上一件露背游泳衣坐于高桥海边，简直时尚得让今天的我们惭愧。

作为夏天最时髦的地方，高桥海滨浴场可谓名人荟萃。

高桥海滨浴场人头拥挤

1932年试营业的首秀就有著名影星胡蝶、夏佩珍等人出场，为电影《狂流》拍摄一场海滨戏。拍摄中，胡蝶倒卧在海中小木排上，随波漂流；夏佩珍两度下海演绎水中求生，表演得十分逼真。据说事后，夏佩珍差点为戏牺牲，被人背负着在沙滩上狂奔一圈，才缓过劲来。1935年正式开业，也是盛况空前，张学良、吴铁城、杜月笙等主要名流均送贺匾，海滨饭店的名字由黄炎培题写。联华公司的明星陈燕燕、王人美、黎莉莉、殷明珠等都在海边留下戏水的靓影，梅兰芳、聂耳、聂伯尼什夫妇等名人都曾来此畅游。

海滨浴场最让人津津乐道的，是由被誉为美人鱼的游泳名将杨秀琼的到来触发的空前盛况。1934年8月6日，杨秀琼受邀抵达高桥，下榻海滨饭店。闻讯而来的媒体和崇拜者把饭店围得水泄不通。四点半，身着新潮黑色泳衣的杨秀琼，披着蓝条浴衣，穿蒲草拖鞋，出现在人群前，准备前往海滨。无奈热情的群众争相近距离目睹杨秀琼，场面失控，预计的表演被粉丝的过度热情所累而耽搁了，杨秀琼不得不返回饭店，直到快 7 点，围观的人群才在杨秀琼的劝说下，让出通道，美人鱼跃入海里，简单地环游一圈作罢。

然而好景不长，1937 年，日本侵略的战火，让海滨浴场遭到毁灭性的重创。新中国成立后的 1958 年，高桥地区一度又有了浴场，没几年毁于台风。1985 年 6 月 16 日，高桥浴场在原址重建开放，夏天游客最多时达 4 万余人。随着沙滩的自然地理活动，海水逐渐没过海高路顶端和海堤，加之外高桥电厂等因素影响，到 1990 年再度关闭。如今，这儿已被外高桥港所代替，只有在老上海人心里，还记着拿块毛巾去海边浴场

1985 年 8 月，高桥海滨浴场游泳的人们。这是当年上海市第一处对外开放的海水浴场

玩耍的旧日光景。

由灯红酒绿、衣香鬓影主打的三十年代上海印象中，高桥海滨浴场的出现，给人以耳目一新之感，远在浦东的浴场给浦西送去一股健康清爽之风。海浴的风尚，显示上海人率先吸收西方人对女性的健康审美观，上海女郎摒弃了小鸟依人的娇弱美，否定了昔时"豆腐式"的小姐身材，认为多锻炼，多见日光，晒得了黄金的颜色，才是女性最美丽的肤色。风从东方来，让昔日的上海呈现生气勃勃的新时代气息，轮渡上那些相约去海滨浴场的女学生，明朗自信的姿态，真让人回味无穷。这个已经消失、几乎被遗忘的海滨浴场，对上海人生活观的重塑起到了积极的作用。

从浦东走向全国：职业教育发源地

黄炎培的大名如雷贯耳，为他，我摇摆了好一段时间，重点讲述他哪方面的成就呢？与他在数个领域频频相遇：书法、实业、报业、社会活动、教育，等等。左寻摸右思索，教育吧。

因为他，浦东

1943 年，职教社在重庆创设中华工商专科学校，黄炎培为学校写校歌歌词

成了中华职业教育的发源地，也因为他明明可以做个风流才子，却始终为父老乡亲的幸福而奔波。

黄炎培出身名门，在浦东名宅内史第长大，1901 年考入上海南洋公学特班。南洋公学就是今天上海交通大学前身，开办特班是为了加紧培养具有国际视野而又以"正谊明道"为宗旨的人才，总教习是蔡元培先生。两年后，黄炎培走出象牙塔，回到家乡把观澜书院改成川沙小学堂，开设国文、算术、英语、音乐、体育、美术等新学。由于缺乏经费，他找到浦东富商杨斯盛，这是两人第一次见面，杨斯盛欣然解囊，为黄炎培提供办学资金，从此两位杰出的浦东前辈，因振兴中国教育结下深厚的缘。黄炎培在教书的同时，宣扬民主思想，有一次他在南汇新场演讲，遭到抓捕。杨斯盛获悉后，立即拿出白银500两疏通关系，请美国牧师步惠廉出面作保，抢在"就地正法"批文到达一小时前，将黄炎培等4位青年一并救出，资助他们逃亡日本，惊险得让人一身冷汗。

黄炎培从日本回国后，心系教育，并再度与杨斯盛携手，1906年杨斯盛创办浦东中学，聘请他任校长。关于杨斯盛创办浦东中学的事我们也补叙一笔。

话说清末，中华大地有两位执迷于教育的名人，山东有武训求乞办学，而浦东富商杨斯盛却毁家兴学。杨斯盛属于浦东先富起来的第一批人，有钱后广建学校，致力于教育。他从自己40万的身家中拿出30万在浦东六里桥购地60余亩，委托黄炎培设计学校草图，自己亲自督工建造。1907年3月8日浦东中学正式开学，他亲自将"勤、朴"两字定为校训。

在黄炎培的领导下，浦东中学兴办新学，成就蜚声大江南北，是上海最早的名校之一，曾拥有"北南开，南浦东"的傲

黄炎培故居　吴伟宗　摄

娇地位。当年蒋介石也送两个儿子蒋经国、蒋纬国前来读书。张闻天、胡也频、殷夫、华罗庚、潘序伦、范文澜、罗尔纲、钱昌照、王淦昌等等，都是这个学校的学生。

黄炎培后来受到张謇提携，进入江苏教育会任职，但他不满足于当个四平八稳的官。1914年3月辞职，用3年时间在国内外考察教育，思索教育救国之路，最终形成了自己的教育思想。他深深感到当时的中国缺少学以致用的教育，对比中美两国教育，他总结出四大差异："一是彼之教育，大都去自然，而我取强制；二是彼之教育，大都去个别；而我取划一；三是彼之教育最重创造，而我惟重模仿；四是彼之教育，最重公众，而我惟重一己。"[1]

为此，他倡导职业教育，提出教育要走向大众，走向生活，通过教育达到"使无业者有业，使有业者乐业"的目的。他在上海发起成立中华职业教育社，官、绅、学、商各界名士纷纷响应。1917年5月6日下午，他假借上海西门外林荫路江苏省教育会，召开成立大会。大会场面非常恢宏，会上公布《中华教育社组织大纲》的发起人，规格之高，大咖云集。

中华职业教育社的主要任务是推广及改良职业教育，改良普通教育，辅助职业之改造。成立当年就出版发行了《教育与职业》月刊并派专员到各处演讲，第二年创办了中华职业学校，第三年即开办职业教员养成所。16年间创办各类职业教育机构20所，仅中华职业学校工商科毕业生就达9000多人。

毛泽东与黄炎培延安畅谈历史周期律

黄炎培在第一次中国人民
政治协商会议上发言

[1] 唐国良主编，《百年同乡会》，上海社会科学院出版社，2005年9月

学校彻底改变了以升官发财为目标的传统教育，读书不是要做人上人，而是要掌握谋生技能，要求学生在学习课本知识外，到工场或商店实习。川沙公立高等学校开辟附属农场做实验基地，分普通农场、育种植棉场、合作植棉场三个区，后来又开设苗圃，在此基础上开办农童学校，半农半读，使得农民和职工子弟也有学习机会。在教育上，士农工商机会平等。

黄炎培一度得了个绰号"珐琅博士"，因他在中华职业学校设置珐琅科，附设珐琅工场，提出"劳工神圣，双手万能"口号，以致遭到少数人讥刺为"珐琅博士"。虽有些不和谐的声音，但风吹草动扰不乱智者之心，在他的大力推动下，入读职业学校甚至成为社会新风尚。一批有志向的浦东人也加入到办学行列，培德商校、懿光职业女校、川沙师范讲习所等等职业学校在浦东蓬勃发展。

黄炎培提出了一整套富有特色的职业教育思想，如他提出职业教育的目的是："一为个人谋生之准备；二为个人服务社会之准备；三为国家及世界增进生产之准备。"[1] 职业教育从浦东昂首阔步走向全国。他的大职业教育主义的主张和"使无业者有业，使有业者乐业"的立社理想，至今仍然是我国职业教育必须遵循的精髓。

---

[1] 唐国良主编，《百年同乡会》，上海社会科学院出版社，2005年9月

海归个个顶呱呱：104位留洋归来

上海曾经出了个海归混混的代表方鸿渐，[1] 他上的克莱登大学，成为野鸡大学代名词，自《围城》走出来扬名华夏，让我们知道，早在20世纪留学就是泥沙俱下，既出了一批仁人志士爱国精英，也不乏方鸿渐们。

那么，浦东从1872到1949年，出了92位留学生，12位出洋游历人员，足足104位海归，遍布美、英、法、德、日等国，也该有那么几个不长进的东西吧。然而，104位中无一混的。他们学成回来后，活跃在外交、工商业、医学、教育、音乐、文学、新闻等领域，他们中不少人的名字如雷贯耳，张闻天、黄炎培、傅雷、黄自……无

刘式训

---

[1] 著名学者钱钟书小说《围城》主人翁。

法一一枚举，限于篇幅，我们只能挑选几位认识一下。

刘式训，首任驻巴西公使，北洋政府三任外交次长，西南交通大学的前身唐山交通大学校长。刘式训是下沙镇人（今航头镇），刘氏家族另外还出了刘式金父子三位外交官，小小下沙镇，前后四位外交官，藏龙卧虎的地方啊。

1879 年刘式训被父母送到位于浦西老城厢旧学宫的"上海广方言"攻读法语，明明就是个教外国语的学校，怎么起个"广方言"这么古怪的称谓？向专家请教后方弄明白，所谓"广方言"，就是推广方言的意思。当年清政府自视甚高，把所有外国人当鞑子看，外国话当然都是方言，外国语学校便成了"广方言"学校，盲目

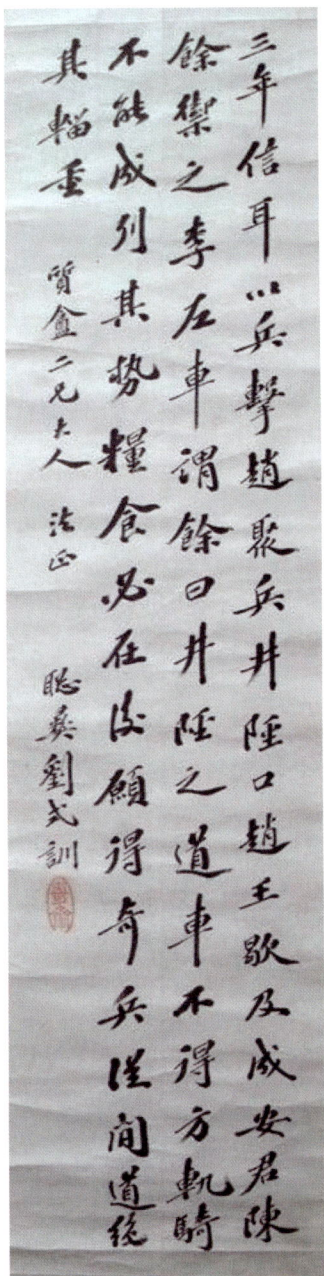

刘式训书法作品

自大。

1890 年，刘式训以优异的成绩被选送京师同文馆深造。两年后随清朝大臣薛福成出使英、法、意、比，任驻法使馆翻译，并以外交官身份进入巴黎大学留学深造。从此，开始了曲折的外交生涯。1908 年，刘式训受清廷指令与葡萄牙就澳门划界问题进行交涉，没能获得想要的结果。这是时代的悲剧，不是他个人所能左右，卑微的政府、懦弱的国家，在外交上没有多少话语权。1911 年他自清政府引退，直到民国成立后，他才再次回到外交界，此后政府频繁更迭，他宦海沉浮，在外交次长的职位三上三下，成了出任这一职位次数最多的外交官。

在浦东的留学生中，穆藕初是个独一无二的特例，他在功成名就后，以 34 岁的高龄，放下上海优厚的待遇，1909 年赴美国学习。因没有读过中学，刚到美国时既无公费支撑，又没有中学文凭，连正式大学的门都进不去，只能在威斯康星大学作为特科生（旁听生）学习。在中国留学生的帮助下，也是感于他的求学精神，学校同意他只要一年之内平均分达 80 分以上，并获得入大学所需的学分，就可以转为正式学生。一年后，他不仅拿到了入大学的敲门砖，而且因表现优良，获得了江苏当局批准的公费支持，终于可以安心读书了。1914 年他回到上海，以近 40 岁的年龄，从头开始创业。他办的第一家企业

延安西路的华商纱布交易所旧址

《度曲一隅》，是昆曲保存社成立后，由该社同人为"曲圣"俞粟庐灌唱片时附送的曲谱，都是小生的曲谱。由俞粟庐先生亲自抄写曲词、曲谱，封面题字为穆藕初先生（名湘玥，字藕初）

是德大纱厂，然后有厚生、豫丰，一步步打拼，终成沪上棉纱大王。他在美国曾求教于科学管理的鼻祖泰罗，回来后在自己的三家纱厂实践泰罗的管理思想，被后人视为现代企业管理的

图为出席太平洋商务会议的中国代表团合影，左一为穆藕初，其时距他从美国学成归国已有八年。八年中他一面经营纱厂，一面不遗余力地推介最新的管理思想和植棉技术

先驱。穆藕初和弟弟穆湘瑶、黄炎培等一起筹建浦东铁路、兴办教育。当年还有个在黄浦江上建大桥的宏伟计划，这个梦想要迟至 1971 年松浦大桥建成才算勉强实现，真正实现应该是 1991 年南浦大桥的通车，他们当年选的桥址就在这附近。

我国两届参博总代表——张祥麟

张祥麟，中国参加费城世博会、芝加哥世博会的组织者，1913 年至 1915 年在上海圣约翰大学就读，留学美国哥伦比亚大学，攻读国际法学，为美国国际法学会终身会员。

他在 1926 年担任中国驻美国纽约总领事期间，受北洋政府委托，组团参加 1927 年在费城举办的世博会，政府仅给了 7000 元活动经费，以致无法正常开展活动。无奈之下，他请兄长将自己在上海的房产售给四明银行，用卖房子所得的数万两白银作经费。这一年世博会，上海的天厨味精、天津的永利纯碱获得金奖，让中国的民族工业在世界上崭露头角。1933 年芝加哥世博会的参展之路同样崎岖坎坷。国民政府先是决定参加，中途变卦不参加了，在各方面的周旋下，成立了"中华民国"芝加哥博览会出品协会，以协会名义参加，张祥麟为总代表。闭幕后，张祥麟与中国驻美公使等代表将湖南送展的湘绣——罗斯福总统像，送往白宫，

芝加哥博览会上的中国金亭

受到罗斯福总统的接见。可惜，他没有能够看到 2010 年上海世博会的盛况，若健在，该会多么欣悦。

1933 年芝加哥世界博览会中国馆宣传委员会成员合影。右四为张祥麟

淮海坊 52 号国府，外交家张祥麟旧居（前门），他在 1936 年入住直至 1976 年逝世

朱昌亚是为数稀少的女留学生，还是 17 位获得博士学位的浦东留学生中的一员，她的舅舅是开发浦东的先驱李平书，哥哥朱庭祺也是当年的留学生，在哈佛大学取得商业管理硕士学位，曾任民国政府财政部参事、盐务署长等职。李平书

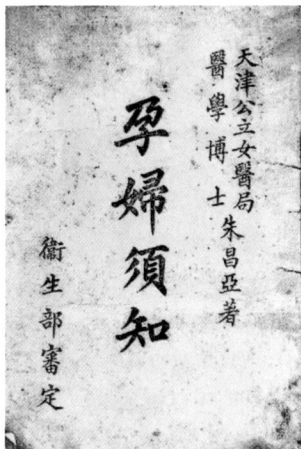

朱昌亚《孕妇须知》书影

本人精通中西医，在他的影响下，朱昌亚立志学医，1925年进入密西根大学医学院进修妇产科，1928年回国。跟林巧稚一样，她也终身未婚未育，但她接生了数以万计的新生命，培养了大批产科学员，为改变民间落后的生孩子观念，她写了《孕妇须知》，不遗余力普及科学生产的常识，对中国的妇婴医疗保健贡献极大。

浦东留学生就是民国时期中国留学生的缩影，他们走出去是为了更好地回来，报效祖国。100多位遍及自然科学、人文艺术、外交、军事、经济、医学、教育各界的留学生的故事，写出来就是一部群英会传奇。

同乡会有点特别：首开浦东特区的创意

　　我郑重其事地在心里向浦东前辈进行了一次膜拜，在读到下面这段记载的时候"1925 年 2 月，浦东同乡会的领导层'提议要求执政府改浦东为特区'"，[1] 一个多么伟大的设想，即使这个提议没有成功落地，但那是 90 年前，90 年前啊，我一直以为"特区"只是现代人的新提法。

　　这段记载还提示我们，那时节，在上海有个叫"浦东同乡会"的组织，这是一个有点特别的组织。民国时期，上海有 119 个同乡会，都是外省市在上海建的互帮互助的民间组织，浦东同乡会不完全属外省市也不完全算上海，黄浦江以左的宝山、上海、川沙、南汇、奉贤、金山、松江全被浦东同乡会纳入，其中的宝山、川沙、南汇一度算江苏的地盘。因此，这个组织不是以行政区划也不以籍贯来界定，你是黄浦江以左的人，或者你对黄浦江以左有贡献的，统统欢迎。比如煤炭大王刘鸿生，就是浙江人，但他在浦东投资兴建码头，贡献相当大，不仅理

---

[1] 唐国良主编，《百年同乡会》，上海社会科学院出版社，2005 年 9 月

所当然地入了浦东同乡会，而且为表彰他在建浦东大厦中的无私捐赠，还将大厦中的一间命名为"鸿生室"。浦东同乡会本身就是创新，就是海纳百川的实例。它的另一个特别点在于功能，除了有一般同乡会的抱团取暖作用外，它还自我加压，把开发浦东视作头等大事。眼界、心胸、实力都很不一般。

浦东同乡会不算新建组织，是浦东同人会转型来的，同人会创始人为浦东高桥人李平书（1854～1927），是非常了不起的人物。他做过江南制造局提调，上海城乡内外总工程局总董，辛亥革命后被推选为上海最高行政长官——民政总长。袁世凯复辟后，他遭受迫害，流亡日本。这是个具有文人风雅、现代实业家魄力和梦想家气质的大人物。他曾梦想在浦东建铁路，因辛亥革命中断，后来他的浦东同乡黄炎培、顾兰洲、穆湘瑶等帮他实现了。他还办过上海书画研究会，吴昌硕、王一亭、黄宾虹、钱惠安等一批画坛大腕都是会员。

李平书创办浦东同人会的初

李平书

衷在"吾浦左人不为自谋，谁为吾谋者！"[1]意思就是既然政府靠不住，我们就自力更生吧。1905 年浦东同人会亮牌，开始一连串的动作，如不屈不挠地抵制租界向浦东侵蚀，租界到底没能跨过黄浦江。他抓浦东交通建设、推动浦

鉴于李平书对上海老城建设的贡献，邑人立其铜像于城隍庙

东教育、办《浦东报》等等。直到 1928 年 7 月浦东同人会改名为浦左同人会，1931 年底转型为浦东同乡会，他的思想也一脉相承地传下去。

浦东同乡会这个民间组织，高官、富豪、名家云集，尽是上海滩呼风唤雨的大人物：李书平、黄炎培、杜月笙、杨斯盛、穆湘瑶、穆藕初、王一亭、刘鸿祥、金鸿翔等等。按说这么多有个性的成功人士在一起，又是自发的松散型组织，很有可能形成谁也不服谁的局面，浦东同乡会却是一幅有钱出钱、有力出力、有人脉出人脉的兴旺景象。盖因我们的前辈们都具有单

[1] 唐国良主编，《近代浦东散记》，上海社会科学院出版社，2009 年 1 月

纯、热血、奋发有为、热爱家乡、大局观全局观强的特质。这个组织还呈现强大的包容性，团结一切可以团结的力量，包括像杜月笙、沈梦莲这样的社会闻人，也发展成组织的骨干力量。另外组织创办之初就建立了严密的制度和管理模式，游戏规则先行在前，显示上海人的契约意识。同乡会有完备的《浦东同乡会章程》，有管理架构和明确的分工，设理事会、监事会，理事会下属六个组各司其职，还根据各阶段的任务设立专门委员会，如法律专门委员会、改进农业专门委员会等，工作开展起来有章可循、井然有序。

浦东同乡会在整个上海发展的历史上，产生重大影响，对浦东发展更是功不可没，如今浦东的市政设施基础，几乎都有同乡会成员的心血。翻阅浦东同乡会的工作项目，有一件今天看来比较有趣而当年却是开风气之先的重大举措——操办集团婚礼，就是今天的集体婚礼。

当时，这属于改革旧礼俗、倡导新生活的进步之举，也迎合急于摆脱旧式婚俗的年轻人之需。浦东同乡会每 2 个月办一次婚礼，同乡每对 16 元，非同乡每对 20 元，参加婚礼的准新人要事先申请，交照片，经同乡会调查批准才能参加。婚礼当天，新娘要穿白色婚纱、戴白手套，配素缎鞋，特别要求跟不能过高。新郎要穿白袜、黑素缎白布底鞋。礼服可由鸿翔公司承办或者依照规定样式自制，既充分利用本会资源，也允许自由选择。

鸿翔公司为浦东同乡会的活跃成员金鸿翔所办，如此安排既肥水不流外人田，又尊重新人的选择。

浦东同乡会（浦东大厦）全貌

从1938年8月3日，在浦东大厦杜厅举办第一届集团婚礼，到1942年11月止，总共办了23次集团婚礼，成全了370对新人。举办婚礼的浦东大厦是浦东同乡会的资产，地址在今天延安东路成都路。

抗战爆发后，浦东同乡会积极投入救援工作，浦东大厦成为抗日救援的重要基地，上海市救济委员会总办事处就设在大厦三楼，上海市作家救亡协会、上海市文化界救亡协会等都在大楼办公，《救亡日报》也在此出版。

同在一片蓝天下：兼收并蓄的宗教信仰

　　川沙耶稣教上理公会牧师倪蕴山有 5 个子女，二女儿尤为聪颖，17 岁就从上海俾文女子教会中学毕业，留校当了老师。倪老师讲得一口流利英语，弹得一手好琴，尚待字闺中。早在她小时候，就由祖父做主，将她许给一个名为保禄的有钱人家孙子，这个保禄十分顽劣，读私塾时就欺负倪家二小姐，被激怒的倪二小姐奋起反抗包办婚姻，得到开明的父亲的有力支持，成功解除两小婚约，这是一个英明的具有历史意义的决定。倪二小姐争取到了自由恋爱结婚的权利，后来在大姐、大姐夫的撮合下，结识了在川沙传教的海归宋嘉树，两人一见钟情结为夫妇，他们一生养育了 6 个子女，三子三女。倪家二小姐名倪桂珍，宋嘉树广为人知的另一个名字叫宋耀如，他们的女儿就是风姿绰约的宋氏三姐妹。

　　宋氏三姐妹的父母和外祖父都是天主教徒，由此可见，天主教在当时的川沙已经比较普及。其实，早在明万历年间天主教便传入浦东，追踪一下浦东天主教传入的路径，也和徐光启有关。1607 年北京一位姓张的教徒随徐光启迁来上海，在浦东如今的洋泾地区买地造楼定居下来，这儿就被称作"张家楼"，并成为浦东最早有天主教信徒的村庄。1744年张氏后人张宇敬在张家楼建造小堂一所，随着教徒的增加而扩建，正式命名为"耶稣圣心堂"，习惯叫"张家楼天主堂"。1933年张家楼总铎区成立，耶稣圣心堂成为总铎座堂。改革开放后，教堂迁往金桥开发区的红枫路，并成为浦东新区天主教总铎座堂。与教堂同沫风雨的老香樟（市古树办公室编号为0806）完整地保留了下来，得到养护和管理。

张家楼是浦东早期天主教的中心，但近代浦东天主教的中心移到唐墓桥一带。1868年，唐墓桥周边3公里内，有多达30座小教堂。1895年主教倪怀伦用前任主教鄂劳捐赠的资金，模仿法国露德圣母堂，开始兴建新的教堂，1897年底竣工，命名为"露

浦东张家楼天主堂旧影

现张家楼天主堂

露德圣母堂 吴伟宗 摄

德圣母堂",可容2000多人同时做弥撒,是当时上海地区规模最大、最宏伟的天主教堂,被称远东第一堂。"文革"中,教堂曾被改作工厂,1992年10月得以恢复修茸,现仍在原址开放。

张家楼耶稣圣心堂和唐墓桥露德圣母堂都不是浦东最早的天主教堂,1628年金姓教友捐赠建设了浦东第一座教堂,称"金家巷天主堂",又名"无原罪始胎堂",原址在浦东大金家巷35号,后迁至浦东新区紫槿路80号。

天主教在浦东近代史比较活跃,出了不少名人,老字号钱万隆酱园的创始人钱锦南也是天主教徒。1902年黄炎培因传播新思想被捕入狱时,杨斯盛出资营救,美国牧师步惠廉出面与南汇县政府周旋,这才得以化险为夷,在判处死刑批文到达前,救出了黄炎培。可想而知，这位牧师的勇气和地位都不低，知县也买其三分薄面。

晚于天主教，伊斯兰教是近代传入浦东的，1935 年穆斯林教友集资在陆家嘴西北侧建成浦东第一座清真寺开展活动，以后多次扩建。1999 年 3 月，在源深路 375 号新建开放。

接收了外来宗教的同时，中国传统的佛教、道教，仍然在浦东占据主流地位。古镇新场的宗教文化就很有特色，东岳庙的道教音乐，获国内外许多学者好评，南山寺的水陆佛事则成为每年一次的重要活动。浦东的文化遗产，不少与佛教道教有关，已列入国家非物质文化保护遗产目录的浦东锣鼓书、宣卷、浦东说书，起源来自当年道士僧侣劝人向善的说教。浦东同人会中有两位有名的佛教徒，一位是实业巨子穆藕初，另一位是文化名人王一亭。

穆藕初有"现代企

浦东清真寺

穆藕初

业管理的先驱"之誉，曾留学美国，接受了西方思想文化的洗礼。但他信仰纯粹的中国化，他与弘一法师李叔同关系密切，为法师的俗家弟子之一，书信来往不断，虔诚问法，获得不少开悟。穆藕初还专门聆听佛教高僧太虚法师讲佛学，向知名法师印顺求教佛事。他兴办教育、推广昆曲、投身救灾以及抗战活动，身体力行地做了大量有利于社会的公益活动，都是佛教影响的具体体现，他自己曾说"本诸恶莫作，众善莫行之主义，做许多好事于人间。"[1]

王一亭是个有胆有谋、文武双全的奇人，他是任伯年的入室弟子，海派画家的领袖，与吴昌硕关系交好，并称画坛的"海上双璧"。他还是沪上三大买办之一，所谓买办就是当时在上海的外资企业做 CEO 的中国人。他和李平书等人一起投资创办企业，是多家公司和银行的董事长。他支持同盟会革命，在同盟会成员陈其美陷入囹圄时，命长子组成敢死队，硬是将陈其美给救了出

[1] 唐国良主编，《穆藕初》，上海社会科学院出版社，2006 年 6 月

来。就是这么一位人物，笃信佛教，法名觉器，在中国佛教会执行委员会任委员。他还是个把对佛教的信仰贯穿到实际中的行动派，乐善好施，建造寺院，开办佛教孤儿院，兴办医院，并大力支持浦东开发。他还搞过一场国际援助，那是 1913 年 9 月

王一亭

1 日，日本关东大地震，他收到正在日本经商的二儿子的电传，了解到日本的灾情，立即募集救援物资，米面食品，并通过专轮运到日本，是日本收到的来自国外的第一批救援物资。他以中国佛教协会会长名义铸一了只"幽冥钟"送到东京，日本人为此造了座钟楼称"震灾纪念堂"，一直保留至今。

浦东人开放包容、兼收并蓄的文化，在对待宗教信仰上表现得淋漓尽致。从古至今，各种不同的宗教在这土地上得到了尊重善待，不同信仰的人群和谐相处、互动频繁。尽管此间曾有过一时的断裂，但总体趋势平和交融。外来宗教文化的顺利融入，使本土文化更为多元化、丰富化。

金融城也文化范：陆家嘴国际金融中心

电影《子夜》在 20 世纪 80 年代公映，当即让我们的三观碎了一地，昔日上海滩灯红酒绿纸醉金迷，太太小姐们风情万种，把那时还端着铁姑娘架势的我们迷得稀里哗啦。而那一场场波云诡谲、惊心动魄的金融大战，只留下了"什么都是浮云"的印象，"股票、做空、多头"之类的名词呼啸着刮过耳边，没了。电影上映后三年，1984 年，新中国第一支股票——飞乐音响，在上海静安工商银行发行。曾经陌生遥远得像属于另一个星球的股票，竟然，搁身边落定了。又没几年，金融大战也不再是电影的专利，实实在在、如火如荼地燃于我们的眼门前。和昔日上海一样，股票的买卖在浦西，股市的风云变幻在浦西，黄浦江对岸甚至包括陆家嘴都还是乡下。

1990 年 6 月中央确定浦东开放，同时给浦东 10 条优惠政策，其中有一条就是允许上海浦东新区组建中国第一家证券交易所。同年 11 月 26 日，上海证券交易所成立，12 月 19 日挂牌开业。这个以浦东名义开设的证券交易所，最初并非在浦东落地，开业典礼和办公都是在浦西的浦江饭店，与陆家嘴隔着一条黄浦江。

此时，对岸陆家嘴一幢破旧的两层小楼，门前悬挂着两块簇新的牌子"上海市人民政府浦东开发办公室、上海市浦东开发规划研究设计院"，潮湿阴暗的屋子里，工作人员正热火朝天地绘制着浦东的发展蓝图。小楼原来是黄浦区文化馆的浦东办公室，连门牌号都没有，有人提议"浦东开发要脚踏实地，一是一，二是二，不如就取谐音'141'吧。"于是，最早的浦东新区管理机构的办公地点便是浦东大道141号，全部面积加起来1200平方米，是当时副省级政府面积最小的办公室，是浦东奇迹的起点。

"惟改革者进，惟创新者强，惟改革创新者胜。"浦东抓

1990年5月3日，上海市人民政府浦东开发办公室成立

住每一个机遇，不惧做第一个吃螃蟹的人，只要出发就是向前。

1995 年 9 月，新中国成立后第一家进入中国的外资银行——日本富士银行上海分行，在浦东成立。1997 年，美国花旗银行等外资银行，在浦东率先试点经营人民币业务。同年 12 月 19 日，位于浦东陆家嘴的上海证券大厦落成启用，上海证券交易所迁入营业，实至名归。此时，陆家嘴金融贸易区对金融企业的集聚效应，进入快速上升通道。到 2015 年，刚过 25 岁生日的上海证券交易所已跻身世界四大交易所行列。

现在允我稍稍分个神，插个小趣事。1995 年中国人民银行上海分行搬入浦东，浦东开发办公室已改名为浦东新区管委会，还蜗居在浦东大道 141 号，时任主任的赵启正问大家，银行开过来，管委会总得表示下，送点什么礼物让人家忘不了。曾任新区区长的胡炜出主意"送活的羊呗，因为金融是领头羊"。然后就找来匹羊，活的，再说遍，一只真的、活的羊。用洗洁

上海证券交易所交易大厅

1990 年 12 月 19 日，上海证券交易所在浦江饭店正式开业。

精给羊洗了个澡，吹吹风，还给四只脚都穿上袜子，梳妆打扮得美美的，裹上红布，直接送上典礼台。这只羊不知是惊吓过度还是知道自己即将进入历史，安安静静相当配合。结果，等到红布盖头一掀，活的羊，全场愣住，接着哄堂大笑。效果倍儿棒，绝对永世难忘。咱们浦东开发的前辈是又幽默又智慧。

转回神来。1990年经国务院批准设立的陆家嘴金融贸易区，时至今日，区内已集聚银行类机构211家，证券类机构317家，保险类机构198家，其他非银行类金融机构1400多家，各类要素市场10多家，各类总部机构300多家，跨国公司地区总部达87家，集聚航运机构1063家，其中航运服务机构850家，形成了较为完善的金融航运市场体系。上海地区与人民币产品创新、定价、交易、清算相关的国内外金融机构的60%以上都在陆家嘴。

不厌其烦地抄录这些数字，想借助它们来揣摩金融贸易的意义。陆家嘴那些看得见摸得着的高楼大厦，是很容易感受它们的华美和意义。但是金融贸易，对于外行来说，就像银行的账户一样，没有数字便感觉不到它们的存在。要衡量陆家嘴金融贸易区的地位，最简单的方式，就是用入住的金融机构的数量比较了。

上海是中国的金融中心，浦东陆家嘴又是上海的金融中心。从传统的银行、证券和保险，到新兴的互联网金融、对冲基金，

陆家嘴金融中心

浦东陆家嘴金融贸易区的一条街

大量金融机构在陆家嘴集聚，金融改革热力无限。众多企业云集，意味着人的云集，陆家嘴金融从业人员多达 40 万人，而这些人中的 70% 以上是 35 岁以下的青年人。这是上海年轻人比例最高的区域，有人说这里是白领心目中的圣地，因为这里的薪酬最高、写字楼最棒，还有一群最聪明的人。还有人说，每次经过陆家嘴，都觉得这里的楼比别处高、人比别处漂亮。高楼、高薪、高学历、高颜值，这就是金融贸易城留给外界的印象。

高大上的陆家嘴短板也显而易见，有人打趣地将浦东比喻为火龙果，外表虽然美丽，果肉却没什么味道。2009 年前后，关于陆家嘴白领午餐难、社交难、休闲难的报道频出。金融城，不仅是金融产业之城，也是金融人之城。越来越多的陆家嘴人，希望拥有自己独特的金融文化，一种属于陆家嘴的价值理念、

中国人民银行上海总部大楼

位于陆家嘴金融城的震旦博物馆

思维方式、行事风格、审美取向，属于陆家嘴金融贸易城的精神追求。

而这也是决策者们正在考虑的重中之重，陆家嘴不仅是一个金融、航运、总部集聚地，更要成为一个高端文化、金融文化、白领文化的集聚地，只有文化的注入、提炼聚焦，才能让这块金钱唱主角的地方，有灵性、有格调、有境界。在"十三五"规划中，陆家嘴金融城是世界一流的金融城区和文化产业集聚区，鲲鹏展翅，振翅高飞。树立陆家嘴独特的具有金融核心价值的文化品牌，让金融精英也同样是文化知音。

老资格出新境界：外高桥与金桥

或许与"外高桥"相关的配图很多都是雄伟的吊装设备，气势轩昂地立在阔大的码头，外高桥保税区总给我宏大的感觉，这也是我 2014 年实地游玩时的第一感，就觉得这个区域特别开阔。当时，我抬头看高高在上的拱门上"中国（上海）自由贸易试验区"几个字，怀疑自己是不是走错地方了，立即用手机查询了下，才知道 2013 年 8 月 22 日国务院正式批准设立中国（上海）自由贸易试验区，纳入范围的除洋山保税港区和上海浦东机场综合保税区外，其余两家都和外高桥有关，一家是外高桥保税区，另外一家是外高桥保税物流园区，所谓自由贸易试验区也就是海关特殊监管区域。

谈到外高桥保税区和外高桥保税物流园区，一直以为外高桥保税区就一个，怎么出了俩，有区别吗？简单的区别是外高桥保税区于 1990 年 9 月经国务院批准设立，是全国第一个，也是全国 15 个保税区中经济总量最大的保税区，面积 10 平方公里。而外高桥保税物流园区 2004 年 4 月 15 日才封关运作，开发面积 1.03 平方公里。至于代码为"600648"的股票外高桥，对应的是上海外高桥保税区开发股份有限公司，于 1992 年由上海外高桥保税区开发公司改制而成。

这个外高桥，在带给我们摸得着的实惠时，给上海带来更多新名词、新做法、新理念，若论其影响力，首推"负面清单"。

那是 2013 年下半年，媒体上满是"负面清单"，大家见面都"负面清单"长，"负面清单"短，我估计当时真正搞懂这个名词的不多，只是都不好意思承认。但是，在外高桥工作的人，却百分百弄得清楚什么叫"负面清单"，因为当年 9 月就出了第一版负面清单，面向全世界公布。

上海对外经贸大学法学教授冯军率他的团队在 2013 年直接参与了第一版负面清单的设计，他说开始在外高桥开会时，很多部门都不知道什么是负面清单。从那时到现在，已经出了四版负面清单，一版比一版更科学。

第一版负面清单公布后，各方吐槽不断，但并不妨碍它的

中国（上海）自由贸易试验区挂牌仪式

正面影响，受消息影响，外高桥股票连续 12 个涨停板，股价从 8 月 30 日的 13.5 元，涨到 9 月 30 日的 54.53 元，短短一个月的时间，涨幅高达 395%。

中国（上海）自由贸易试验区

"负面清单"从外高桥走进了上海人的工作与生活，渐渐的我们都学会了负面清单式的管理方法。在做项目时，我们把不能做的事列出来，告诉团队成员，这样大家在项目进行中，既有自由度又能减少试错的内容，效率大大提高。"负面清单"用在生活中，最形象、最简单的例子来自我同事，她带小孩出去玩，事先把不能碰的东西、不能玩的项目列张单子，跟小孩约法三章，然后就放手让小孩玩了。这一招非常管用。

"负面清单"对于上海人，不只是报上刊登的单子，而是变成了一种思维方式。

陆家嘴金融贸易区的地理优势和高大上的金融贸易，始终夺人眼球；张江高新技术园区，因技术含金量加创新创业引人注目；外高桥保税区凭借自由贸易区，在上海人的生活中游刃有余。同为浦东的另一个老开发区，金桥经济开发区，似乎没有足够的亮点吸引大众的关注。

金桥经济开发区一直很低调，也没有什么特色。但仔细了解，会发现这个开发区有一些其他开发区都没有的特点。从地理位置看，金桥经济开发区西连陆家嘴金融贸区，北接外高桥保税区，南近张江高科技园区，把四个开发区连在一起。从开发区主打项目看，它的板块里不仅有产业，还有居住区，它的西部为碧云国际社区，其生活、教育、医疗、体育、休闲、文化等配套设施完善。它还是上海国家级开发区中首家创建成功的国家生态工业示范园区。

金桥出口加工区从 1990 年经国务院批准建立开发区，到 2001 年 9 月经国家海关总署批准设立金桥出口加工区，再到 2013 年 7 月更名为金桥经济技术开发区，数度转型升级，不甘落后。它最新定位在重点发展以智能制造为主的先进制造业，并进一步发展以研发、科技服务为主的生产性服务业。

2014 年新能源车——特斯拉，要在华东设点，金桥闻讯找上门，全方位提供落户服务，帮他们解决新能源车目录问题、牌照问题、充电桩布局等各方面事务，在美国建设周期通常要 3 个月的超级充电桩，金桥只用了 12 天建成。4 月 23 日特斯拉公司那位发射过火箭、创办了 paypal，又转而做清洁能源车、善于炒作的 CEO 伊隆·马斯克来到上海，亲自向首批 6 位车主

金桥出口加工区南大门

金桥出口加工区

交付新车。这次引进成功后，金桥一鼓作气，又瞄准了武汉安翰光电技术有限公司的胶囊内镜机器人项目，当年6月份便成功落户，然后中国移动互联网视频产业金桥基地、跨境电子商务示范区等依次落实。

金桥从容地告诉世界：低调不代表没有腔调。

嫁人要嫁"张江男"：张江高新技术园区

"张江男"意外火了，张江人却有些酸楚。刚"火"的时候，带着是人都懂的贬义的调侃，标准定义是"聚集在上海张江高科技园区，具备理工科背景，工作勤奋，拙于表达。"说你是"张江男"，代表把你归入有钱没情趣、不招女孩子喜欢的那一类里。好在，上海有精明的丈母娘，她们慧眼识金，发现"张江男"的潜力，认定为女婿的可靠人选，大力追捧，

2011年3月，上海召开建设上海张江国家自主创新示范区动员大会

张江核心园区集电港新貌

一举扭转"张江男"在婚姻市场的不利局面，结果"张江男"就抢手到了"嫁人要嫁张江男"的热烈程度。

话说"一方水土养育一方人"，在认识"张江男"之前，我们首先认识下"张江"。

张江高科技园区始建于 1992 年，是国家级的重点高新技术开发区。园区主要发展四大类企业：信息技术产业，集成电路、软件与信息服务、光电子、消费电子终端等，大批国内外知名软件企业、研发机构，如宝信软件、美国花旗、印度 INFOSYS、TATA 落户在此，全球 30 强中有 8 家、中国 100 强中有 11 家在张江设立了研发中心；生物医药产业，目前全球排名前 10 的制药企业中，已有 7 家在张江设立了研发中心，如罗氏、辉瑞、诺华，集聚相关科研机构和研发企业 400 余家；文化创意产业，以数字出版、动漫影视、网络游戏以及创意设计领域为产业特色，园区集聚了盛大文学、炫动卡通、暴雪娱乐、美国艺电等一大批国内外优秀文化创意企业；低碳环保产业，重点发展智能电网、水处理、生物燃料、生物脱硫、节能环保设备研发及环保服务业务，林洋电子、益科博等企业迅速发展。

看了介绍，不难理解，这里为什么盛产"张江男"了吧。都是科技含量超高的企业，能被这些企业相中的以高智商、高学历居多，企业又都用高薪吸引人才，因而年纪轻轻拿着

张江诺贝尔湖

张江国家数字出版基地

高薪的男生就扎堆出现了。

再说理工男，天生就少了点娱乐基因，又到了张江。一来张江这块，娱乐场所真不多，但是交通便利，早早就通地铁，从地铁站到园内稍远点的地方，还有接驳车班车，园区内也有公共交通，出门找乐还是方便的。这就要说第二点了。我曾经参观过园区里的几个著名企业，然后就理解，甭说张江男了，若我在这儿工作也愿意孵在公司里不出门了，公司环境不是一般的好。所见公司都有规模不一般的食堂，早中晚餐加夜宵，中式的、西式的、日式的、韩式的，各类菜肴琳琅满目，好多企业的食堂是免费的，敞开供应。公司里还开辟绿化、健身、视听、体育等等设施，另外加上外出旅游、组织活动、开展培训，尽管比不上扎克伯格的 Facebook，但实在比外面舒服太多太多。

不过，这只是我的一点小心思，"张江男"们是不会在美食中沉沦的，他们宅在公司，更多的是出于对工作的喜欢、对技术的狂热。应该说理工男遭遇张江的特有文化，华丽丽地造就"张江男"。

那么，张江人是如何看这群被外界炒得沸沸扬扬的"张江男"的呢？"有才华，不浮躁，很低调""单纯、可爱，工作勤奋、生活简单"，在自己人眼中，"张江男"是随着张江的发展而不断进化的，特别是近年的创新创业潮，让不少当年的软件民工，成为这波中的弄潮儿。而新一代80后"张江男"更加感性，木讷口拙的形象逐渐远去，"张江男"也突破地域，成为"智慧和理智的化身，上海创新和发展的原动力"。

谁都没有想到，张江居然抢在陆家嘴之前，形成具有鲜明特征的文化标识。其实浦东不光有"张江男"，还有陆家嘴的"金融男"。曾有人幽默地告诉我两种"男"从发型上很好区分，"张江男"的发型简单，主要分"梳了"和"没梳"两种；"金融男"的发型考究得多，样式也多。魅力超过"张江男"的陆家嘴"金融男"们，在吸引眼球上始终逊于"张江男"，这应该归功于父母征婚团吧，陆家嘴的男生们工资更高颜值更高，为啥没有招来求婿若渴的家长？

张江国家数字出版基地

张江生物医药企业研发中心

　　上述"男"都是工作在浦东的青年才俊，当然才俊也包括了"张江女""金融女"们，为了避免性格歧视，人们把工作在浦东的俊杰称作"范"，四大范：金融范、张江范、创业范和国际范。

　　"国际范"从字面推断就是那些来浦东发展的各国精英了，有的已经获得上海的长期居留证。至于"创业范"也好理解，"不拼爹，来浦东"，这口号令众多"兜里两块钱、心怀五百万"的创业梦想家热血沸腾。浦东整合区内的孵化器资源，在张江高科技园区打造创客中心，园区内形成"拎包创业"的效应。国际队、国家队、海归队、本土队，不管什么队，只要有奇思妙想，来浦东创业就对了。浦东就是创业者的热土，造就了一批"创业范"，他们自己创业，有的已经功成名就，更多的还在创业路上。

更高更远更大气：深水港与航空港

"大吊车真厉害，成吨的钢铁轻轻一抓就起来。"第一次踏上洋山深水港的观景台，放眼望去，心中豪情万丈，一张口这句歌词就溜了出来。稍上年纪的中国人对这一句并不

洋山深水港 吴伟宗 摄

陌生，它是曾经红透整个中华大地的京剧样板戏《海港》中的一段，这出戏说的就是上海码头工人的事，戏的情节忘得差不多了，但是戏所呈现的大气磅礴的港区、神奇的大吊车、铿锵有力的码头工人，都深烙在记忆里，以至于海港就成了恢宏、壮阔、力量的化身。洋山深水港让我打心眼里喜欢，它满足了我对海港的所有想象，而且还要更好。君不见海港几乎总傍依陆地，总会有一边连着城市，气势不免弱了几分。哪个能像洋山港这般傲立海中，站在最高处四面望去，都是茫茫的海，随便哪个角度都是天地之悠悠啊。在这里建海港，不仅是奇思妙想，还需要有把奇迹变作现实的魄力和行动力。

　　深水港，那是上海几代人的梦想，缺了深水港，孙中山先生规划的上海东方大港的蓝图就不完美。1992 年，上海市政府便把深水港建设列为上海新一轮城市基础设施建设十大工程之首。从国际港口情况看，深水港要求航道水深在 15 米以下，而上海黄浦江的航道水深是 10 米左右，进入上海的咽喉长江口则更是只有 7.5 米。专家团队对上海区域内的罗泾、外高桥、金山咀都进行了勘察论证，得出了上海行政区划内的水域，不具备建适应集装箱船舶大型化发展要求的港口的结论。是认命作罢还是绝不放弃？上海选择了突围。1995 年，上海把眼光投向浙江行政区划内的洋山岛，这个小群岛聚落海域，具备建造 15 米水深港区和航道的优越条件。从地理位置看，洋山岛距上海比距浙江更近。于是，一个天才的构想诞生了，把深水港建到洋山去。

不要以为这是个拍脑袋的决策，从 1995 年 8 月到 2002 年 3 月国家正式批准洋山深水港区建设的工程可行性报告，6 年多的时间里，市政府和国务院派了一批又一批中外专家，进行了一次次的勘察论证和可行性研究，才拍板敲定：建。

洋山深水港的全面完成，一直要到 2020 年。第一期在 2005 年 12 月 10 日开港，此前东海大桥也建成通车，引发了上海市民倾城去看洋山港的热潮，有些人去一次不够，又去了两次三次，连我家隔壁 80 岁的老爷爷也由居委会周到地接去参观，深水港绝对是上海人民多年的期盼。

洋山港建设中，排除万难，攻克大量技术障碍，建设者都是"超人"，"洋山精神"就这么诞生了，所诠释的就是上海城市精神"海纳百川、追求卓越、开明睿智、大气谦和"。

与洋山深水港同列为上海航运中心两大主角的另一位——浦东国际机场，先于 1999 年 9 月第一根跑道建成通航，此后不停地"三级跳"。2005 年 3 月 17 日，浦东国际机场第二条跑道正式投入使用，到 2014 年底四根跑道完工。2015 年，浦东国际机场又启动以卫星厅工程为主体的三期扩建工程，建成投运后，浦东国际机场航站区将形成完整的一体化航站楼＋卫星厅运作模式，可为航空公司及其联盟提供"一个屋檐下"服务。与此同时，第五条专用于国产大飞机的跑道也在紧锣密鼓的建设中。

同时拥有洋山深水港与浦东国际机场，仅凭这一点，就让多少人羡煞浦东了，中国还有哪个地方可以同时坐拥重量

洋山深水港码头　吴伟宗 摄

级的海港和空港呢？外行看热闹，内行看门道，老百姓的心中，这两港的建成，国际航运中心的地位也坐实了，然而远不止这么简单。2009年3月25日，国务院批准上海建设国际金融和航运中心，发布了《关于推进上海加快发展现代服务业和先进制造业、建设国际金融中心和国际航运中心的意见》，

浦东国际机场 吴伟宗 摄

对上海国际航运中心建设做了系统的部署，要求在 2020 年基本建成。

把上海建设上述的"两个中心"相提并论，是高瞻远瞩的国家战略。因为国际航运中心意味着大量物资集散和资金交换，其带来的巨额结算业务注定能成就一个金融中心。看世界航运中心，无论是历史传统形成的伦敦，还是腹地型航运中心鹿特丹和纽约，又或是中转型航运中心香港和新加坡，它们本身都是金融中心或者紧邻金融中心。上海无疑最具有成就"两个中心"的优势。

上海直接瞄准被公认为世界航运中心的伦敦，仅靠硬件远远不够，优势在硬件，而瓶颈在软件。为航运服务的各个专业领域，如航运金融、航运法律、航运信息等等，都是航运中心不可或缺的，伦敦之所以成为国际航运中心，因为那里是诸多重要航运领域的集中地。

行动起来吧，上海。手握大量物流、贸易企业，脚踏深水码头、航道等众多优质航运资源，对于货物吞吐量、集装箱吞吐量已居全球排名双第一的上海来说，如果没有发达的高端航运服务业这颗"智慧大脑"，就难以真正成为一个配置全球资源的"国际航运中心"。

2011 年 4 月 18 日，浦东国际航运服务中心在浦东大道981 号正式挂牌，入驻的机构有上海浦东航运发展促进中心、上海浦东航运行业协会、上海海事局、上海国际航运仲裁院等。浦东大道这一段虽然只有短短几公里，但两边散落着许多航运企业。这条路不是简单的地理概念，上海将把这里打造成一条航运大道。浦东大道又多了个称谓：航运大道。

中西交融在校园：上海纽约大学、国际学校

浦东共有 12 所国际学校，凭这一数据，浦东又拿下一个"最"：上海国际学校最密集的区。2012 年 10 月 15 日，上海纽约大学正式挂牌，这是上海第一所具有独立法人资格的中美合作大学，也是唯一一所国际高等院校。

上海纽约大学校园位于浦东陆家嘴金融贸易区，校园于

上海纽约大学

上海纽约大学合作协议签约仪式

2011 年 6 月正式动工兴建，2014 年才竣工使用。学校 2013 年
8 月招的第一批本科新生，先去华东师范大学中山北路校区上
了一年学，第二年才入住陆家嘴。

上海纽约大学招生说明中专门介绍校区坐落在上海浦东陆
家嘴金融核心区，与上海期货交易中心、中国钻石交易中心为
邻。学校处在闹市中，与我国传统的学校应创造静下心来读书
的环境理念背道而驰。为此，校长俞立中多次借媒体说明，选
址陆家嘴是借鉴了纽约大学与曼哈顿金融区合为一体、"在城
市且融入城市"的理念，扩大学生的国际视野，希望学生从这
里出发，走向更广阔的世界舞台。也就是说，学生一入学，就
浸润在金融城的氛围里，感受国际前沿的创新力量，学校就是
精英的孵化器。

为真正落实国际化，上海纽约大学从源头开始抓，生源必
须国际化，每年 300 名学生，51% 来自中国，49% 来自世界各地，
学生的构成国际化、多元化。即使是中国学生，在所有申请审

核通过后，还得参加"校园日活动"，24 小时全英文环境的考察，看你有没有国际化的资本，表现优异者方能真正录取，因此学校"学霸"云集。在校期间，所有学生大三起可自行选择前往纽约大学全球教育体系中的其他校园和学习中心学习，大四再回到上海完成学业。可供选择的地方有位于纽约、阿布扎比的门户校园以及位于阿克拉、柏林、布宜诺斯艾利斯、佛罗伦萨、伦敦、马德里、巴黎、布拉格、悉尼、特拉维夫、华盛顿特区等 11 个城市的海外学习中心。这么优越的学习条件，看着着实令人羡慕！

已完工的大学教学楼校舍，就是一幢 15 层高的楼房，也

上海纽约大学成立仪式

被称作开放大学、垂直大学。完全不同于传统的教学楼，它内部看起来像一个巨大的、有很多开放空间的苹果商店。51个大小不一的教室，13个教学实验室，通过多媒体视听技术、教学指导技术、视频会议等高科技手段，将上海的教室与纽约校园、阿联酋阿布扎比校园以及全球15个学习中心联结起来，最厉害的是四楼24小时开放的图书馆，藏书超过1.5万册，数据库里有一百多万册的电子书资源。在这里通过网络进入到纽约大学的全球图书馆数据库，如果你借阅了存在那的书，四天后就可以收到。

浦东新区领导曾说，浦东就是上纽大的校园。中国改革开放最前沿区域成了学校的后援团，可见上海寄予学校的期望有多么大。学校招的第一批新生，2017年毕业，2016年9月学校举办了"2016陆家嘴金融城名校直通车"行程之一，面向区域内金融企业招募，为毕业生就业搭桥，但也不是所有企业都允许进来，只有经过学校筛选的优秀雇主，才能进得了大门相看学生。几年办下来，学校的底气非常足，但是，学校的水准到底如何，将在实践中得到验证，拭目以待的目光很多，第一批走向社会的学生，担子重大。

上海纽约大学作为大学中的国际牌，是首创，而中小学包括幼儿园的国际范，浦东人不陌生，148年前就有了。1868年

Chine — Mission des Jésuites
L'église de T'ANG-MOU-K'IAO (N.-D. de Lourdes)

1868 年法籍传教士若望·玛利亚·鄂劳德神父在浦东唐墓桥陈家宅创建陈家公学，是浦东最早的教会学校也是最早的具有国际元素的学校

　　法籍传教士若望·玛利亚·鄂劳德神父在浦东唐墓桥陈家宅创建陈家公学，是浦东最早的教会学校，也算最早的具有国际元素的学校。1898 年陈家公学迁入新校舍，后来把名字改为达义公学，七年制完小。1952 年 12 月，学校性质变了，改为公立的虹桥中学和唐墓小学。

　　另一所建于 1912 年的国际学校——上海美国学校，1949 年中断，1980 年复校，设立浦东和浦西两个校区，应该算真正意义上浦东最早的国际学校。学校由美国投资，主要为在沪

建于 1912 年的上海美国学校，1949 年中断，1980 年复校，设立浦东和浦西两个校区，是浦东最早的国际学校

外籍人士子女上学使用。浦东的校园以苏州园林为设计原型，由一连串单独且又有机联系的建筑及园林组成，不同的教室都拥有不同的庭院与园林。整个学校的建筑，反映的就是外国人眼里的中国。学校所谓的苏州园林风格，并不是中国人欣赏的那种，而是经过改良符合了西方人的审美。想起一种说法，那些中国看着不美的女子，往往被西方人当作典型的东方美女。或许，这也正是美国学校想要呈现的多元化价值与审美取向。

　　美国学校主要是为在华工作的外籍人士子女办的，通常没有中国人的孩子就读。这一类国际学校占少数，大多数的国际学校同时招收中国学生。还有不少上海名牌中学，开出了国际班。近年来，处在国际化都市的上海，国际学校很受家长的热捧。这番景象，让人想起20世纪的二三十年代，开明的家长纷纷把孩子送进新式学堂，从中诞生了一批具有国际视野、心系祖国的仁人志士。时代不同了，教育的核心任务却是一样的。

　　有人从国际学校走向世界，还有人从国际学校回到故土。无论他们将来在哪里，浦东都是他们永远的家。

小联合国安个家：碧云、联洋国际社区

在开发区里建国际社区，或者说把国际社区建到开发区里，这样一种混搭，也是奇思妙想。类似出人意料的创新，在浦东开发过程中不算稀奇。金桥新经济开发区最初的规划里，就划了片区域建国际社区，受范仲淹的词《苏幕遮》的启发，取"碧云天，黄叶地，秋色连波，波上寒烟翠"之意境，命名为"碧云国际社区"。2011年金桥开发区荣获三部委联合颁发的国家"生态工业示范园区"奖项，最大亮点就是金桥产业园区与

碧云国际社区

碧云国际社区

碧云国际社区的产城融合。

　　这个国际社区的地界，北到蓝天路，南到明月路，东抵红枫路，西接白桦路，在地图上接近长方形，隔着马路，对面是金桥出口加工区。20世纪90年代初，金桥尚是阡陌纵横的村镇，吃、住、行都不方便。随着浦东开发开放，金桥成为浦东首批国家级开发区之一，以生产制造为主的出口加工区。首任金桥开发区总经理朱晓明认定，高效能的出口加工区需仰赖高质量的规划设计，他坚持金桥应建设标准高、功能多、环境美的现代化生活园区。1997年，金桥建设者开始"先做环境，再做房子"，大树就栽了5000多棵，以实际行动示范前人栽树后人乘凉；之后，开始建造碧云别墅区，按照建筑的"绿色"理念，从北美引进了木结构别墅。

碧云国际社区

　　浦东对国际化居住社区有极其明确的指标，不是谁号称自己是国际社区就行的。比如"集中齐全的公共服务设施、融合亲和的区域文化、安全便利的人居环境、国内外人士近悦远来……最关键的内涵是，从关注住宅本身到关注住在里面的境内外'新浦东人'的精神层面。"[1]

　　碧云在这些方面的建设一直比较超前，有专供外籍人士子女就读的幼儿园、学校，有上海首家公立涉外国际医院，有可与境外医疗保险对接的专科医疗机构，有高级会所，有两片两万平方米的绿茵场，有100多家国际品牌购物休闲餐饮娱乐及服务设施。另外，还建了两所天主、基督教堂，可以用英文做

---

[1] 鲁雁南，《为"洋邻居"安好家　浦东新区规范建设国际化居住社区》，《新民晚报》，2004 年 12 月 5 日

礼拜。

碧云国际社区的房子只租不售。据说 1999 年，第一批 30 套别墅造好后，一位外籍高管的太太强烈要求买下，以 120 万元成交。她在院子里的树上拉了很多晾衣绳，经常在上面挂满衣服，导致注重隐私的西方人不愿意住附近，周围的别墅就空着。2003 年，开发商以千万元回购。从此，再也不出售了。

从 1999 年，跨国公司高级管理人员带着家属陆续住进了碧云别墅中，至今已集聚了来自世界 60 多个国家和地区近 3000 余户外籍人士家庭，外籍人士家庭比例占 90% 左右。全球 500 强企业中，已有 26 家跨国公司亚太区总裁和高级执行官级别的外籍人士入住社区。碧云的国际化程度相当高，随便办个运动会都是有世界各个国家各种肤色的人参加的"国际比

碧云国际社区

赛",搞个艺术节,也是操着不同语言的人来参加的"国际艺术节"。按说这么多国家的人住一起,语言不通,应该经常出现鸡对鸭讲的局面,相互沟通困难最容易引起摩擦。但社区的主调始终温馨和谐,管理部门经常策划些文化日、体育比赛等活动,老外们也都很捧场,往往一个比赛就能拉起21支国际参赛队,气氛十分团结、紧张、活跃。由金桥经济技术管委会和金桥开发园区总工会举办的金桥碧云国际社区主题长跑活动是金桥开发区的传统赛事,迄今为止已经成功举办了十五届。名气冲出碧云,走向上海,列入新区职工"四季彩虹"体育系列比赛项目,也是上海市十大群众体育活动品牌之一。

迄今为止,能美得过碧云社区的住宅区难找,碧云社区可以毫无压力地称作上海规模最大、社区配套功能最完善、综合环境最具创意特色的新型国际社区,同时也是上海最适宜外籍人士居住的国际社区之一。

联洋社区也是浦东知名的国际社区,但与碧云社区不同,最初并非为国际化量身定做的,而是在逐渐发展中,吸引了大量各国人士的关注,一传十、十传百,外国人也好扎堆这一口,自然形成了。话说回来,能吸引境外人士,也跟这里的整体环境和服务分不开。时至今日,面积约4.4平方公里的联洋社区,有居民3.4万余人,其中境外人员5300余人,约占全区总量

碧云国际社区

的 10.3%，分别来自全球 78 个国家和地区。

　　为来沪工作的外国人做好配套服务，浦东新区扎扎实实地在推进。2012 年 2 月在杨高中路开出专门的涉外服务站，配备有涉外干事 8 名，具备英语、日语、韩语三大语种的交流能力，站内新安装了由浦东公安分局自主研发的"境外人员信息社会化采集系统"，最受益的就是住联洋社区的老外。他们从此无须到派出所，就在这儿把手续办得妥妥的。联洋涉外服务的品牌化、国际化、人性化和时代感也使这片区域对老外的吸引力见长。

　　浦东有多少国际化的社区，没人说得清，2008 年网上有人发布说浦东的国际社区已经超过 30 个了，如今 8 年过去，应该又多了。像位于陆家嘴的仁恒河滨城，境外人士的比例已占社区住户的35%，被誉为上海内环内"领馆级的国际社区"。不过碧云国际社区这样的样本是无法大批量复制的，大量外国企业的涌入，带来大量外籍人士，最好的解决方案还是跟中国人同住。国际小区的外延近年来一直在扩展，中国人有好客传统，上海人更是热情，都乐于帮助身边的外国人，也足以使老外能够安心住在以中国人为主的小区里，不必非要扎堆到标准国际化社区里，现如今浦东人跟外国人为邻是新常态。

大牌西瓜和其他："8424"、蜜桃、孙桥

上海人很认牌子，大到家具小到一包豆浆，都得看牌子下单。像西瓜要吃南汇的"8424"，桃子要吃南汇水蜜桃，梨要吃南汇翠冠梨，白斩鸡要用浦东三黄鸡做，豆制品要浦东清美的……这几样都出自浦东啊。

"8424"，西瓜中的大牌，吃瓜必吃南汇"8424"是很多

上海人的习惯。数字作水果名称总附着几分喜感，买的时候来句"给我'8424'"，听着跟接头暗号似的。这4个数字是叫着顺口？还是别有含义？曾引起争论。最普遍的说法是，"8424"表示西瓜培育成功的日期。另一种说法是"8424"是西瓜育种试验的次数。权威的解释是，"84"的确代表1984年，这一西瓜产生年份。也就是说，1984年之前，不存在叫"8424"的西瓜。那么"24"是什么意思？请往下看。

"8424"是标准的"新上海人"，从新疆移民过来的。

中国工程院院士、新疆农科院哈密瓜研究中心育种专家吴明珠教授，数年的努力终于在几十组试验配比组合中，培育出了最为出色和优秀的第24组良种，时间是1984年。由于是早熟品种，故名早佳"8424"西瓜。

南汇沿海土壤沙性，昼夜温差大，种植的西瓜产量高、质量好，但产量和上市量十分有限，1984年之前种的都是本地厚皮西瓜、平湖西瓜等品种。农技人员一直在寻找改良西瓜品种的方法，获悉吴明珠教授的研究成果后，便试着引进栽培。移民来的"8424"在浦东长大成才，皮薄、汁多、甘甜、爽口、个头适中，数十年间已经赢得美名满天下。"8424"也够格当上海海纳百川的典型了。

跟西瓜正相反，南汇的水蜜桃是一个走出去的典范。

据明朝《群芳谱》记载水蜜桃独上海有之，随上海城市的

水蜜桃

扩展，上海水蜜桃向郊区发展，逐步演变为南汇水蜜桃。水蜜桃马不停蹄，继续向外发展，在宁波和无锡扎了根。接着，冲出国门，走向世界。1850 年到达美国，变身为划时代的桃子品种：爱保太和红港；1875 年去日本，枝繁叶茂，后代分了好几支：岗山白、大久保、白凤等。

南汇水蜜桃在本地经过精心培育，发展出了大团蜜露、新凤蜜露等一系列优良品种。南汇水蜜桃以肉细汁多、香浓味醇、鲜甜甘美著称。长的也特别好看，细软绒毛、白里透红，嗅之果香四溢、沁人心脾，抹之吹弹可破、果皮即落，咬之柔嫩多汁、入口甘甜。2005 年经国家质检总局批准，南汇水蜜桃成为上海第一个获得国家原产地域产品保护的农产品，标志着上海本土生产的水蜜桃进入了国家级植物品种保护的行列。

与西瓜、水蜜桃相比,翠冠梨太年轻了,标准的后起之秀,改革开放后的新移民。20世纪90年代初,浙江农科院园艺专家成功培育出翠冠梨杂交组合,被南汇引进。南汇翠冠梨又被称为"六月雪",属砂梨系,果实近圆形,黄绿色、果肉雪白、肉质细嫩、肉脆汁多、汁丰味甜、色泽鲜润、香气诱人、核小无渣,品质上等。这个新"上海人"最出色的品质是非常耐存储,常温可存放10-15天,冷藏可达40-60天,得了个美誉"百果之宗"。

最得上海人心的早餐品种之一——清美豆浆,它的生产基地位于浦东三灶工业园区,硕大的厂房和严格的管理令人非常

翠冠梨

震撼，信任感油然而生。厂房面积 8.6 万平方米，冷链生产流水线 86 条，160 多辆食品级冷藏卡车组成全程冷藏配送系统，每天将产品送至长三角及周边城市各大超市的 4000 多家专柜、3000 多家专卖店。一块钱一包的豆浆，也能做到如此大的规模，端的是不看不知道一看吓一跳。

　　浦东新区中心地带还有个非常有名的农业园区，也是都市观光农业的代表——孙桥农业园区，全国第一个综合性的现代农业开发区。21 世纪初，头次参观的

孙桥农业园区

游客，一进园区多半忍不住连连称颂"浦东不愧新区啊，连农业都这么高大上"。

　　园区成立于 1994 年，打出的旗号为：中国农业与世界农业接轨、传统农业与现代农业转变的桥梁。园区重点发展六大主导产业：以蔬菜、花卉为主体的种子种苗产业；以绿色蔬菜、食用菌、花卉为主体的设施农业产业；农产品精深加工产业；利用细胞工程、微生物工程和基因工程的生物技术产业；温室工程安装制造产业；与农业相关的物流交易、休闲居住、观光

旅游、会展培训等第三产业。

园区里肉眼可见的蔬菜、果品卖相特别好，都漂亮得像假的，在产品超市，总有游客忍不住摸一摸。因为太美，很多游人都误会，有人指着小番茄说"好多葡萄啊"，还有的指着蛋茄说"那个萝卜长树上哎"，让人忍俊不禁。这里的农产品基本上只供应大的酒店，菜市场是买不到的，游客来一定要买些带走。

浦东受海洋季风的影响，气候温湿，冬夏季较长，但冬季并不十分严寒，夏季也并不十分酷热，除了夏季受台风的影响较大之外，气候条件优越，给农业发展带来有利条件，为上海乃至全国提供优质的农产品。老话说"留住人的心先要留住人的胃"，浦东可是扎扎实实抓住上海人的心了。

去陆家嘴看高楼：摩天大厦三主角

没有最高只有更高，陆家嘴的楼，是上海人看着长大的，在改革开放不到 30 年，28 平方公里内，百幢高楼平地起，比赛似地，你追我赶，一座比一座漂亮，一座比一座高。对于自己首创的高楼大厦，上海人的感情也经常很复杂，"水泥森林"是高楼大厦的别称，城里人的自嘲，爱恨交加。但到底爱的成分更多吧，何况谁也不能否认，这幢幢高楼不正是浦东奇迹最直观的代表？

我们展示一下浦东高楼的成长轨迹。1954年，一幢 6 层、约 25 米高的瞭望台夺得浦东第一高的名次，瞭望台供消防专用，也就是说站塔上，整个浦东尽收眼底。这座塔一枝独秀了 32 年，1986 年浦东邮电

这座约 25 米高的消防瞭望塔曾是浦东最高的建筑

楼在东昌路、浦东南路口建起，也是6层；1988年，东昌大楼以13层的绝对优势，轻轻松松坐上浦东第一高的宝座，然而，一年后就被天后宫大楼赶下宝座，天后宫大楼24层。从1990年浦东改革开放的大幕拉开，高楼大厦进入疯狂生长阶段，1991年东方明珠开始施工，1992年金茂大厦批准立项，浦东的高楼以让全世界惊心动魄的速度和高度成长。1999年，曾雄踞"第一"32年的消防瞭望台，拆了。如今想想真有点惋惜，留着作纪念多好。

改革开放前的陆家嘴一览无余

浦东的不少高楼从设计、造型、功能都冠得上出类拔萃之名，搁别处，都是地标性建筑，现在被淹没在陆家嘴摩天大厦群中，风头怎么敌得过呈三足鼎立之势的金贸大厦、上海环球金融中心、上海中心大厦。

三高楼的兴建有先有后，格局却在改革开放之初就敲定，那是放在黄浦江两岸整体规划中考虑的。陆家嘴与外滩，隔江相望，形成易经八卦中的太极格局，一凸一凹、一高一低，珠联璧合。要有与外滩可匹配的高度，陆家嘴仅仅搞一

1994 年的陆家嘴。东方明珠广播电视塔"一枝独秀"，是上海第一幢超高层建筑，改写了浦东原有的天际线

些四五十层的楼房还不够，应该学芝加哥、纽约，纽约有三栋 100 层的楼，芝加哥也有三栋，所以陆家嘴也可放三栋。浦东新区的建设者"拿了三根筷子，研究了三栋高楼布局后，跟着做模型，就出来了现在的环球金融中心、金茂大厦和上海中心。"[1]

规划得到市政府常务会、市委常委会和人大常委会的批准后，就轰轰烈烈地投入到建设中。

三幢大厦造型独一无二，遥相辉映，个个都有自家独门秘籍，天生具有巨星的派头，想不引人注目都不能。在陆家嘴摩天大厦群里，三幢大厦出境率拔得头筹，那是众多摄影爱好者、众多市民的心头爱啊。

金茂大厦第一个出场，1992 年 12 月 17 日被批准立项，赶在 20 世纪最后一年 1999 年 3 月 18 日开张营业。它的塔楼高 420.5 米，直到 2008 年 8 月 29 日被环球金融中心超越之前，是中国大陆地区最高的楼。它仿若城堡的造型，美的像个童话，尤其到了夜间，通体晶莹，令人神往。大厦首次运用超高层建筑史上的最新结构技术，整幢大楼垂直偏差仅 2 厘米，楼顶部的晃动连半米都不到，是世界高楼中最出色的。金茂大厦的无可比拟之处是它的第 56 层至塔顶层的核心内，被设计成一个

---

[1] 冯小敏、俞克明、张俭主编，《口述上海——浦东开发开放》，上海教育出版社，2014 年 4 月

直径 27 米、净空高达 142 米的"空中庭"，阳光从顶层透过玻璃折射进来，555 间客房和各式中西餐厅从 58 层至 87 层环绕四周，在 88 层观光厅从上往下可观赏世界举世无双的酒店中庭，金光闪闪，风华绝代。

环球金融中心命运最坎坷，可谓一波三折峰回路转。1997年 8 月 27 日正式奠基，原设计高 460 米，94 层，冲着世界第一高楼的纪录。后来亚洲金融危机爆发，受影响停工足足 6 年，直到 2003 年 2 月 13 日才重启建设。事实上复工修改的不光是外形，还有高度，因为当初就瞄准了世界第一高度，但 6 年过

陆家嘴高楼三主角

去后，世界上已经有更高的大厦出现了，于是计划再加高32米，使总高度达到492米。即便如此，仍然和世界第一高楼之称失之交臂，建成时为中国大陆第一高楼与世界第三高楼。不过建设公司想方设法地策划了几个"最"：在85层建"世界最高的游泳池"，在93层设置"世界最高的中餐厅"，在100层、距地面472米处建观光天阁。

2014年，632米高的上海中心横空出世，这一次，上海人已不再和"世界第一"较劲，今天的追求是和谐。征集设计方案时，就把与其他建筑的"和谐"作为不可或缺的元素之一，充分考虑建筑与区域乃至城市空间上的交互关系。选择632米的建筑高度，以使其与周边420米的金茂大厦和492米的上海环球金融中心在顶部呈现优美的弧线上升，营造出更加和谐的超高层建筑群。造型为旋转式上升的、不规则、不对称的双层表皮建筑，也是充分考虑这一造型能够为高楼林立的陆家嘴进一步减小风阻，其形态、材质和不对称性将使风阻降低至少20%。上海人以这样一幢建筑向世界展示着上海这座国际化城市对于维护生态环境的责任和承诺。

陆家嘴的建筑群，又高又密又新。高因其建筑幢幢直冲云霄。密当然因楼群集结的程度。而新呢，是新在其建筑时间，房子赤刮辣新；新在其设计，各有千秋，个性鲜明，很难找到

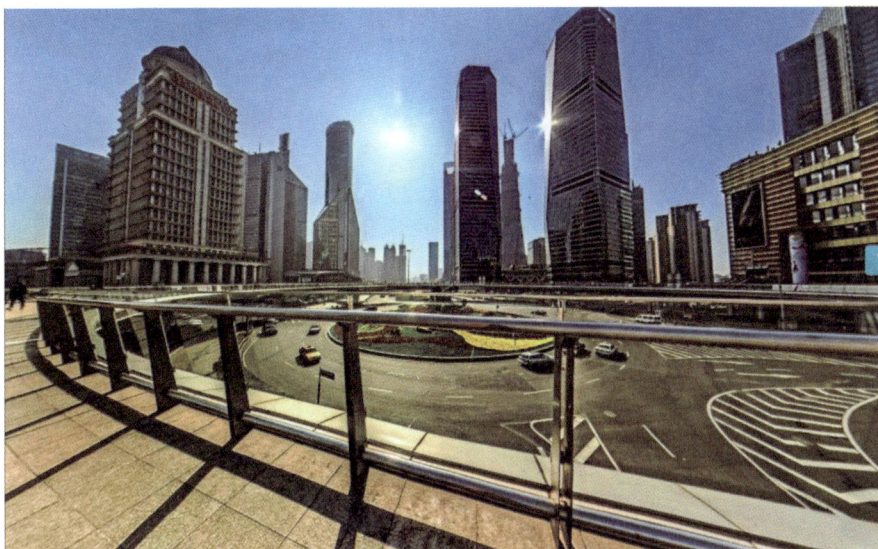

陆家嘴中心区二层步行连廊

外形雷同的两座；新在其建造工艺，多项技术走在世界前沿；新在其建设发展理念，贯彻和谐、共享、绿色。没有最高只有更高，上海人追求卓越的劲头总是满格。

海派大道的巅峰：最宽的路——世纪大道

　　现在，我要隆重推出浦东的一条路。有人该不以为然了，一条路值的浓墨重笔？那么先弯一弯，去法国，看一条美名与法国女郎、埃菲尔铁塔相齐的路——香榭丽舍大道，这条大道的官方版本宣传词是：横贯首都巴黎的东西主干道，全长 1800米，最宽处约 120 米，为双向八车道，东起协和广场，西至戴高乐广场，东段以自然风光为主；两侧是平坦的英氏草坪，恬静安宁；西段是高级商业区，世界一流品牌、服装店、香水店都集中在这里，火树银花、雍容华贵。

　　在上海，有那么一条被誉作"东方香榭丽舍大道"的，就是我即将推出的主角，路在浦东，叫做世纪大道。先贴上官方版介绍：横贯浦东，5.5 公里的路程，100 米宽的开阔路面，从东方明珠起始，连接陆家嘴金融贸易区、竹园商贸区、花木行政文化中心，至世纪公园。是中国第一条城市景观道路，绿化和人行道比车行道宽，还是世界上唯一以时间为主题的城市雕塑展示街，也是世界上独一无二的不对称道路，景致独特，文化韵味深厚。

世纪大道

除了比香榭丽舍大道年轻外，世纪大道毫不逊色。

世纪大道的设计者来自法国，当年，美国、法国共3家世界一流的景观设计公司受邀递交了设计方案，夏氏—德方斯公司的设计打动上海人的心而中标。于是，法国式的浪漫与中国元素相遇，现代科技与传统文化碰撞，这条大道起点高、品位高。

最初的名字不叫世纪大道，先后改了三次，乳名"轴线大道"，因为是西北东南的斜向道路，类似地球的轴，原生态性质，知道的人不多。后来改称中央大道，有点意思了，与它的宽阔路面、宏大气势相配，传播范围稍广，还不够令人满意。1997年根据其通车时间、功能、意义正式定名为世纪大道。名字有点太直白，比之"香榭丽舍"（极乐世界），少点浪漫，但也是上海奔向现代化国际性大都市的象征。这总让我联想起从前的一首歌"沿着那社会主义大道，奔前方哎"，豪情满怀啊。

世纪大道的通车时间在 2000 年 4 月 18 日，浦东开发十周年纪念日。当天，12 辆新型公交车，浩浩荡荡从东方明珠出发，直抵世纪大道的终端浦东世纪公园。车内乘坐着市领导、建设功臣、劳动模范、科技专家以及动迁（居）村民代表，我们还可以想象一下车内的欢声笑语，这就是世纪大道的开通典礼，朴素别致，回味无穷。

12 天后的 5 月 1 日，上海市政府决定取消过江隧道和大桥的收费，一石激起千层浪，两岸之间车流暴涨，直接与延安中路隧道对接的世纪大道，义不容辞地扛起了分流交通压力的重任，接受第一次考验。超前的设计，让这条路从容应对，扎扎实实地交出一份满意的答卷。

让我们慢慢欣赏一下这条路。

世纪大道打破传统对称的布局，北侧比南侧宽了足足 20 米，为什么？仅仅搞个噱头吗？非也，被专业术语称为道路断面的非对称设计，正是世纪大道的最大特点。具体说是道路中心线不在路中央，而是向南偏移 10 米，这一设计使得浦东另外两条主要干道东方路、张杨路的中心线得以在世纪大道交会。100 米宽的路面，车行道 31 米，设有 8 条机动车道和两侧各

6 米宽的机动车辅道。两边 69 米宽的绿化景观人行道，北侧 44.5 米宽，栽有 4 排行道树，常绿的香樟在外侧，沿街的内侧则是冬季落叶乔木银杏，起到了夏遮冬透的树种效果。沿途开辟 8 块长 180 米，宽 20 米的植物园，每个植物园各具主题。银杏树林，一到深秋季节，美不胜收；春天，满园樱花盛开，如梦如幻啊。

世纪广场

大道沿途是露天城市雕塑展示长廊，弹眼落睛，很艺术范儿。全线 9 个交叉路口均为简洁的几何形状，每个路口一个小品，由雕塑作品、植物花卉构建，9 大路口为分界点，形成了特色鲜明而又不失整体风格的 10 段景观。知名度最高的大型雕塑作品有三座，分别是：世纪辰光、五行、东方之光，全部以中国传统文化为底本，融合了古代科技成就、现代先进的科技手段和西方建筑语言，可谓别出心裁又贴景。大道上的系列小品也都蕴藏小心机，路灯、护栏、长椅、遮蔽棚等，以充满现代感的风格精心设计，仔细品品，好有味道。

建成至今，世纪大道用事实表明，它既美且灵，有颜值、

世纪大道旁大型景观雕塑——东方之光

　　有内涵、本领高强。从 1.7 平方公里的陆家嘴中心区出发，沿世纪大道一路向东到花木行政文化区，正在形成金融和总部的黄金走廊雏形，大批金融机构、跨国公司总部和国内大企业总部被吸引来，是陆家嘴金融贸易区内一条重要的经济动脉。道路两旁专为居民设计的休闲娱乐区域里，总会有市民们跳舞、唱歌、放风筝、开文艺晚会，其乐融融，与沿途的摩天大厦和绿化鲜花，共同构成美丽上海的生活画卷。

　　无怪乎有人说走世纪大道，不是在走路，而是在享受。这条路就是一幅海派风情长卷，徐徐展开，任你浏览上海城市的魅力，感受上海人的活力。不走一走世纪大道，你就不能说自己真正到过改革开放前沿的浦东。

时尚小白变大咖：时尚消费在浦东

细琐的、碎片似的信息在耳边、眼前飘过。

朋友感叹："陆家嘴的国金中心，母婴室门是自动的，我抱着宝宝进去真方便。里面有两个换尿布的台子，可以容纳两位妈妈和宝宝同时在里面换尿不湿。还有一个小门，进去一看，有张椅子，是喂奶间。贴心啊。"

国金中心

　　吃货的神叨叨："难得去浦东，去陆家嘴，总是念念不忘惦记着挂念着的，最是国金中心。当然，最吸引我的自然就是选择多多且高大上的国际星级食府餐厅。"

　　游客的羡慕："国金中心的五楼，居然有个好大的屋顶花园，上面栽种了茂盛的植物，可以随意在休闲座椅歇歇，欣赏陆家嘴无敌的都市风景，并且，统统免费。"

　　购物狂的欢呼："还去什么香港啊，国金中心里面全有啊。"

　　潮妹的力荐："国金的电影院，上海一流。"

　　累积到某一天，我才像发现新大陆似的反应过来，上海国金中心，那也是陆家嘴地标似的建筑，双子塔分别高 260 米、

国金中心商场

圣诞节期间的国金中心商场

250 米，再加一座 85 米高的建筑，从体量到高度丝毫不逊色，只不过活在"三件套"的阴影下，是那么不显山不露水。就算建筑高度排不进陆家嘴的前三位，它的商场稳居陆家嘴乃至上海高档消费场所的首位。在我们近距离接触它之前，先拐个弯，去它的近邻正大广场一窥。因为，从正大广场到国金中心，呈现了浦东从时尚小白到时尚大咖的发展脉络。

正大广场正如它名称所显示的那样，系泰国正大集团的产业，由它旗下上海帝泰发展有限公司投资兴建。上点年纪的人都知道正大集团，当年它在央视搞了档很火爆的节目——正大综艺，杨澜就是成名于这档节目。正大广场设计构思源自"飞龙腾越"的创意，总建筑面积接近 25 万平方米，地上 10 层、地下 3 层，相当于整个南京路商用面积的总和，是正大集团在

浦东陆家嘴正大广场

中国最大的投资项目之一。2000 年，正大广场与浦西的恒隆广场、新天地同列最受瞩目的三大商业地产项目，然而，新天地迅速蹿红，恒隆广场也以奢侈品为号召，呈现低调的奢华，正大广场却徘徊了 4 年多，形象不稳定，CEO 走马灯，运作思路几经变更，经营状况却不如人意。

2005 年，司徒文聪担任正大广场总裁。为什么顶级品牌对正大广场兴趣了了，为什么完美的购物环境赚不到人气？司徒文聪的团队进行了市场调研，得出结论：当时人们还没有到浦东消费娱乐的习惯，在大家给浦东贴的标签上，缺乏时尚这个词。浦东人更愿意跨江到浦西购物，浦西人却对到浦东消费很冷淡。司徒文聪放弃了引进顶级消费品的想法，重新调整正大广场的业态组合，把"家庭娱乐消费中心"作为新定位，终于转型成功。记得那几年，我的很多朋友，把带孩子到正大广场玩，作为周末活动首选。那里有小孩喜欢的全球最大的玩具反斗城，有青少年感兴趣的5000平方米的汤姆熊室内游艺场，这个对爸爸们也很有吸引力。还有珠宝、服饰、美容，吸引妈妈们。加上电影院、餐饮业，全家适宜。餐饮特别丰富，西式快餐、韩国日本料理和中式餐饮一应俱全，临江的几家餐厅，就餐的同时可以欣赏窗外的迷人风景。

正大广场让我们知道，到商场不仅可以买东西，还可以休闲娱乐、美容、培训。它转型成功的过程中，也悄悄改变消费者的习惯，培育新的理念，逐渐引起人们到浦东消费的兴趣。2010年世博会再次提升浦东的娱乐消费形象，催生了人们在浦东的时尚消费欲望，到了国金中心建设时，高档消费品的天时地利人和都齐了。

国金中心商场紧赶慢赶，赶上和2010年7月世博会一起开门迎客，商场总面积超过11万平方米，引进的国际一线品牌旗舰店中约一成半是首次登陆内地，四成则是首度进驻上海，合计拥有超过240间国际顶级品牌店及享誉世界的顶级餐厅，首层就汇聚了31家世界级品牌旗舰店，是国际高端品牌入驻数量最高的国内商场，其品牌组合和规模，几乎相当于南京西路恒隆广场加静安嘉里中心的合体。

2015 年国金中心商场名列全市购物中心第一位，与此同时，浦东的老牌百货公司第一八佰伴也一鸣惊人，拿下全市百货中的第一。凭借两个第一的出色表现，浦东的商业成功逆袭。

改革开放 26 年，浦东甩掉了"宁要浦西一张床，不要浦东一间房"的形象，甩掉了商场落伍的帽子，甩掉了时尚小白的稚气，神采奕奕、意气风发走进新时代。

上海第一八佰伴

五星闪耀在浦东：五星、超五星、民宿

　　滴水湖，我封它为上海最美人造湖，再套句官话，它，绝对是"人类智慧的结晶"。第一次去，那里还是一片滩涂，稀落地歪着干枯的芦苇秆，走上去，脚下深深浅浅的泥水石沙。滩涂上横着纵着排着些管道，涌出混着泥沙的黄色海水。有位工人说，这是吹沙填海，这里将建一座新城。再去时，临港新城、滴水湖和四周宽敞清爽的路，静静地等着我了。我简直以为自己穿越到未来了，一眨眼工夫嘛，滩涂哪去了？就像看着个蓬头垢面的流浪儿进去，洗漱干净出来，我惊奇地发现原来竟是

滴水湖

位清水出芙蓉般美好的姑娘。那次，我住在湖边不远处的酒店，早起，沿湖岸随意散步，走着走着，透过薄薄的雾，看到湖里隐约有个小岛，走近，看真切了，的确是个小小的岛，有一道堤与岸相连，神奇的魔都啊，总是在猝不及防间，撞见小惊喜。一定是童心十足的设计者，才有如此奇思妙想。

好奇之下，我穿过起伏的堤，前往一探究竟。踏入小岛区域，迎面一个身着漂亮制服的门童，我当即反应过来，这是座酒店，怎么从来没听说过滴水湖里有酒店呢？问门童酒店的名字，答"皇冠假日"，整个小岛都属于酒店。我被这个湖中的酒店迷得七荤八素，立即决定要找机会来住一次。回家上网查了下，官网的解说词是：上海滴水湖皇冠假日酒店位于浦东临港新城美丽的滴水湖南岛之上，有近五万平方米的花园绿地，临湖亲水，景致迷人。酒店由著名的迪拜帆船酒店的 ATKINS 设计公司操刀设计，其造型别致，宛若一朵桃花盛开在湖水之上。星级是五颗星。

这里前不着村后不着店，景点不是很著名，周边没有办公大厦，也就带不来商务人士，敢在浦东的边缘地带开五星级酒店，勇气可嘉。再一想，高档连锁酒店的选址，都有考究，眼光独辣，不会拍脑袋乱来。我一下对浦东的酒店情况来了兴趣，在携程网搜了下，浦东新区名下 1769 家各类酒店，近年来时兴的民宿、传统的青年旅舍、星级酒店应有尽有。标注为豪华

滴水湖皇冠假日酒店

的五星、超五星酒店，多达 52 座，上海是 192 座，浦东占了四分之一多的天下。而我们的近邻苏州包括所属区县，共有标注为五星的酒店也不过 62 座，南京 70 座。

浦东豪华酒店的数量从一个侧面，让我又为改革开放的成就而惊叹鼓掌。陆家嘴是五星级酒店最密集的区域，这里几幢著名的摩天大楼里，都藏着一座豪华的酒店，金茂凯悦、丽思卡尔顿、上海柏悦等等，几乎世界著名的酒店品牌都在这里找得到。连东方明珠都想方设法在塔中建了个迷你空中旅馆，五个小球 20 间客房。1998 年开业的香格里拉大酒店，就坐落在黄浦江边，如今算老牌子了，它骨子里的优雅，和上海人的气质特别投契。当年，是小资和文艺范儿们最喜欢的地方，不在那里留一张吃下午茶的照片，就不好意思称自己小资。如今画风变了，上海人不再追捧小资，改成闺蜜的下午茶。香格里拉下午茶也随即升格，保持江湖地位不变，据说借鉴了法式高级餐厅的理念，用精致的细瓷杯碟和银质的茶具，打造金丝笼下午茶，被上海的女士们评为最新最别致的闺蜜下午茶。

豪华酒店在某种程度上，正在改变上海人的生活形态，影响上海人的休闲度假方式。上海人从前就有节假日到酒店一住的习俗，豪华酒店在上海人心中，就是高雅的代名词，设备先进舒适，服务体贴，宾客举止不俗。只不过，在钱包不鼓、酒店欠丰盛的年代，只能在重大节假日偶尔奢侈下。随着生活水平的提高，酒店在上海遍地开花，门槛降低了，价格也很亲民，于是在酒店度假不再局限于节假日，不再属于少数富裕起来的人的专利，日常周末工薪阶层也可到豪华酒店过把瘾。

再回到滴水湖皇冠假日酒店，后来我在一个周末拖家带口去体验了回。网上预定时，偷着乐呵，那么偏僻的地方肯定人不多，可以好好享受享受冷清。没想到，进入酒店大堂，好多人啊，都是一家三口，或五口六口，总之以家庭为单位，我直感叹还真是英雄所见略同。其实，根本不是这么回事，人家酒店打出"亲子时刻休闲度假""家庭套餐"的牌子，瞄准上海人喜欢举家出游的习惯，所以在非节日非热门地段，却招来宾客盈门。看着那一位位拖家带口的年轻爸爸们，我在心里狂赞"上海好男人"。

浦东民宿

　　精明的上海人还打上了商务区豪华酒店的主意。浦东的外高桥保税区、张江高科技园区、金桥出口加工区，密布五星级的酒店，目标客户当然是世界各地往来公干的商务人士。因此，这些酒店平时客满，而节假日周末，商务活动停止了，客人也就少了。这时候的酒店，又安静，价格又不像旅游景点的酒店那样一直涨，举家去住住，那真是偷得浮生半日闲，直想高歌一曲："上海是我长大成人的所在，带着我所有情怀，第一次干杯，头一回恋爱，在永久的纯真年代。追过港台同胞，迷上过老外，自己当明星心情也真的不坏。成功的滋味，自己最明白，旧的不去新的不来，城市的高度它越变越快。有人出去有人回来，身边的朋友越穿越新派。上海让我越看越爱，好日子，好时代，我在上海，大家都在。"（陶为民作词《喜欢上海的理由》）

话说浦东好风景：东方明珠、东海大桥

　　浦东的旅游景点资源富足，最新开幕的迪士尼，世博会结束后留下的各具特色的场馆，野生动物园等等。不过，我当作心头好的倒是另外两个，一个可以登高鸟瞰，一个可以去远方把自己变成风景。

　　登高的地方满世界都有，何必跑浦东爬楼？说说我的理由吧。

　　行走在上海的街头，你得把头抬得高高的，以仰视的姿势才能看得到城市上空的天际线，这时候你会觉得自己很渺小很渺小。换个位置，站上高楼的顶端，去俯视整个城市，豁然开朗，魔都风貌尽收眼底，你会发现低处看不见的风景，觉醒高度决定视野，震惊于人类的伟大。一览众山小时，你看到的是大自然的鬼斧神工，而登上陆家嘴的摩天大厦，你将看到人类智慧创造的奇迹。

　　登高必去陆家嘴，那儿这方面的资源得天独厚。试问还有哪个城市有陆家嘴这么多摩天大厦，而且大厦顶端设有观光层？

　　陆家嘴的摩天大厦曾经招来国际登高狂人。2007年5月，法国"蜘蛛人"阿兰·罗伯特乘着管理者不备，唰唰唰，就从外立面爬上了金茂大厦，约两个小时抵达 420.5 米处的顶。为啥无人阻止？因为等人发现时，他已到大厦半腰了，怎么吆喝他也不肯下来。另一起引发围观的事件发生在 2014 年 2 月，这回来的是俄国攀高狂人马霍洛夫和拉茨卡洛夫，上海中心大厦尚未竣工，两人偷偷翻越工地围墙，在没有任何安全措施的情况下，向顶部发起进攻，爬到了正在施工中的上海最高楼顶部吊机上，高度近 650 米。两起攀爬行动都没有申请，未获授权，不管三个狂人站在楼顶多么得意扬扬，都直接被送进公安局，给了处罚，关了几天，赶出境去。看到了吧，这就是上海高楼的巨大魔力。

陆家嘴的四大掌门：东方明珠、金茂大厦、环球金融中心和上海中心都开设观光层，选项多多，游客可以挑挑拣拣，过一把高高在上的瘾。

东方明珠广播电视塔是浦东开放后第一个重点工程，门牌编号世纪大道 No.1。尽管不是最高的，但我还是推荐它，因为它是上海唯一一座以娱乐为主的摩天建筑。它在 1995 年 5 月投入使用，塔高 468 米，和左右两侧的南浦大桥、杨浦大桥一起，形成双龙戏珠之势，也是上海改革开放的象征。

东方明珠在 350 米处建有太空舱，内设观光层、会议厅和咖啡座。上球体观光层处于 263 米高度，同时在 267 米处设旋

东方明珠广播电视塔

转餐厅、舞厅、钢琴酒吧。2009年又在塔身高度259米的球体新建由24个可活动收放的"花瓣"组成的空中观光走廊。这个观光走廊也是透明的，战战兢兢地跨上去，脚下200多米深处的行人和汽车，小成一只只昆虫，很梦幻的感觉。当游客蜂拥到张家界的玻璃栈道时，殊不知，东方明珠上也可体验玻璃栈道呀。

顺便介绍下另外三位。金茂大厦将最高的88层缔造成观光厅，高度为340.1米，设有中国最高的"空中邮局"。环球金融中心分别在94层建室内净高8米的观光大厅，在100层、距地面472米处建观光天阁。上海中心，毫无疑问，高度超越邻居们，它的118层和119层作为主要观光层对游客开放，离地560多米。

说了登高，再说去哪个远方把自己变成风景。

这个远方是东海大桥，说它远，因为它出上海边界，直跨到浙江了，离市区远；还因为它32.5公里的长度，走上去，向前看，就是一个字：远。有雾的时候，踏上蜿蜒的东海大桥，宛若通往一片未知的时空，亦幻亦真。晴空万里的时候，走着走着，回头是海，前方还是海，浮云连海岳，疑似误入仙境。正着迷的时候，前方突然出现一个巨型风车阵，你擦擦眼睛不敢相信，再看，跟童话里一样壮观的风车阵还摆在眼前（风车

暮色中的东海大桥　吴伟宗 摄

派啥用场，卖个关子，文末揭晓）。再往前，深水港有如海市蜃楼般现身了，改革开放的又一个奇迹，直让你产生穿越到了异时空之感。身在这样的景中，人可不也成了景。

东海大桥并非作为景点而建，是把洋山深水港和上海连起来的天才构思，为洋山深水港区集装箱陆路，集疏运和供水、供电、通讯等需求提供服务。这是我国第一座真正意义上的跨海大桥，大桥自 2002 年 4 月开工，于 2005 年 12 月与洋山深水港一期码头同期投入运行。预期寿命 100 年，可抗 12 级台风和 7 级地震。大桥设有四个通航孔，其中主通航孔净高 40 米，净宽 400 米，可供万吨级船舶通过。

　　大桥的设计师是上海市政工程设计研究总院资深总工程师林元培，黄浦江上的杨浦大桥、卢浦大桥也是他的作品。在充分考虑大桥交通功能的同时，他也很贴心地为游客留了观景台，让不满足坐车里看风景的人，可以停下车，凭海远眺。在 2010 年，沿途又多了道壮丽的景观，就是风车阵，这是海上风力发电机组，当年就为世博会送去了清洁能源。这也是我国第一个国家海上风电示范工程，还是最美风电厂。

东海大桥　吴伟宗 摄

精彩连连活力秀：科技馆、航海博物馆、国际新博览中心

上海科技馆是上海市人民政府为贯彻落实科教兴国战略，提高城市综合竞争力和市民科学文化素养而投资兴建的重大公益性社会文化项目，是全国重要的科普教育基地和精神文明建设基地。主馆位于世纪大道 2000 号，建筑面积 9．8 万平方米，总投资额 15 亿人民，2001 年 12 月 18 日正式对外开放。即使今天读到这一段介绍，我还是由衷地点赞。在当时规划中的浦

上海科技馆

东新区中心地带，用 15 亿元建设一座以科普教育为主题的场馆，足见"科技"在我们这个城市的崇高地位。

大量的互动项目是科技馆的一大特色，以此使参观者能够真正体验"科技"。这些需要动脑动手动脚的项目，尽管以最简单的方式呈现，但其中的科技含量，仍然让普通的参观者难以掌握，需要有人在旁边给予指点。于是，困难来了，所有项目都配指导者，哪里去找这么多的管理人员，资金也是个很大问题。不配指导者，意味着有些项目很难靠参观者自身成功操作。这个问题在开馆之前就考虑到，并且得到了完美的解决。跟科技馆一同亮相的就是，上海科技馆志愿者服务总队。只要是身心健康、热心公益事业，在生物、环保、数理化、地质、天文、地理、宇航、机电、医学健康、计算机、影视技术等方面有丰富经验或专业特长，或具有其他特殊行业专业知识的市民，都可以加入志愿者服务队伍。

不少上海市民的志愿服务经历就是始于科技馆，科技馆的志愿者服务也给很多参观者留下深刻印象，在上海种下了志愿服务的种子，其成熟的志愿者组织培训体系，也为志愿者的管理提供宝贵的经验。做志愿者，深入上海人心，属于生活的一部分，后来世博会上志愿服务者"小白菜"更是名扬中华。

位于临港新城的中国航海博物馆，属于上海博物馆的后起

航海博物馆

之秀，还是国家级的。2005年7月郑和下西洋600周年纪念活动在我国隆重举行，上海市领导提出了建造国家级航海博物馆的设想，5年后的2010年7月中国航海博物馆在上海的正式诞生。从地理位置看，中国航海博物馆偏于东海一隅，但它在上海的科学研究和市民文化生活中极度活跃。它能高精专，也能融入寻常百姓家。它策划各类学术活动，如中国海洋发展战略高峰论坛、"丝路的延伸：亚洲历史与海洋文化"国际学术研讨会。也策划各类科普教育，如专为从小学到高中二七课改设计的课外活动项目、航海主题家庭活动日、创作演出历史情景剧《郑和下西洋》等。

在浦东，同样担负提高市民文化素养的另一个大腕，是上海东方艺术中心位。它由法国著名建筑师保罗·安德鲁设计，从高处俯瞰，外形宛若一朵"蝴蝶兰"，美得不同凡响。申城乐迷中流传着"听交响到东方"，显示其品牌影响力，东方艺术中心是中国大陆第一家举办柏林爱乐乐团与维也纳爱乐乐团世界两大顶尖乐团音乐会的剧场。2016年与维也纳爱乐乐团和费城交响乐团分别签约，建立为期五年的战略合作伙伴关系。

东方艺术中心

这个殿堂级的艺术剧院，普通老百姓享受得了吗？东艺已经以实际行动作了肯定回答。贯穿全年的会员活动日、艺术欣赏讲座、音乐普及讲座和东方文化讲堂构成了公益格局。使去东艺看演出，成为人人都享受得起的时尚。

上海新国际博览中心（SNIEC），系中外合资合营的第一家展览中心。它的建筑没有那么夺人眼球，德国式的质朴严谨，设计理念就是高效、简洁、清晰。室内20万平方米、室外10万平方米，这个体量也属展馆中的航母了，它2001年就华丽丽地开张了，以且行且珍惜的姿态，逐渐积攒名气，如今业内业外，都是大名鼎鼎了。

第一眼的上海新国际博览中心，是"大"，第二眼还是"大"，第三眼仍是"大"。虽然展馆建筑除了大，没有什么很特别的设计，不过很人性，馆馆之间，既有室内连接，又留有室外空

上海新国际博览中心

间，休息用餐全都考虑了。连续多年上海国际车展如火如荼地在此举办，车展最亮的风景就是车模，车模也不像外界炒作的那样搔首弄姿，多数还担当讲解介绍。那些在媒体上闹得沸沸扬扬的车模，真是少数，可惜这少数就产生了一颗老鼠屎坏了一锅粥的效应。到了 2015 年还是在这里举办的国际车展，但取消了车模。

不少参加过车展的外地朋友一致感叹"上海人好福气，有这么好的展馆，这么多精彩的展览活动，还有这么多捧场的观众。"因为，展览并非单纯的营销活动，好的展览往往推出新产品、新技术、新理念、新趋势，就像车展，年年都有代表发展趋势的各类概念车推出。一个城市的展览活动越多，它的创新驱动越强，活力越茂盛。另一方面，观众也是促成展览的推动力，观众少，企业办展参展的动力就没有了。成熟的观众代表着城市对创新的渴望。

世博还在进行时：中华艺术宫、世博展览馆

2010年上海世博会横跨黄浦江两岸，在南浦大桥和卢浦大桥之间5.28平方公里的滨江地区，从5月1日至10月31共184天，演绎了一场精彩、难忘的盛会，全国的游客纷至沓来，身为东道主的上海人得近水楼台之便。那段时间朋友间的话题经常围着世博转，自己第N次进世博园区了，又参观了哪些展馆，还有哪个心仪的馆没去，逮着个空隙再去等等。这一届世博会创造了12个"最"，其中7308万的参观人数创下了历届世博之最，从此很难超越。

及至世博闭幕，有关世博的议论很安静了阵子，时不时有人忧国忧民地发个问：世博园区到底怎么派用场啊？市中心黄金地段啊，荒着着实浪费。事实上，世博会一闭幕，媒体就告诉了大家，沙特馆、西班牙馆、意大利馆、法国馆、俄罗斯馆已由外国参展方无偿捐赠给上海市。它们将以什么面目什么时间跟广大市民再次相见？还是很让上海人牵挂的。

不管怎么样，从拿下世博举办权到世博成功召开再闭幕，世博再也不会走出上海人的生活了，那么多实实在在的建筑设

施会同它的全新理念、先进科技一并留下。狂欢结束后，世博会的场馆渐渐地又回到了我们的生活中，有的大变身，有的还是原来的模样，以润物细无声的方式影响上海的方方面面。

中国馆，如今改称中华艺术宫，感觉这名字和这座建筑太匹配了。中国馆在世博开展期间，就美的不要不要的，现在依然仪态万千，而且依然免费。当年，在有关部门宣布中国馆的"镇馆之宝"多媒体版《清明上河图》将"永驻"中华艺术宫时，我和很多上海人一样，激动加兴奋，大赞决策者们"太给力了"。

作为一个艺术宫殿，中华艺术宫实在太年轻，馆藏宝贝不

中华艺术宫

中华艺术宫举办的艺术展

够分量，没有岁月的积累和沉淀，任何一个博物馆都厚重不起来。中华艺术宫非常明确自己的短板，它瞄准当代艺术和年轻艺术家，构建现代艺术前沿的形象，和有潜力的艺术家共同成长历练。它的开馆展览由《海上生明月——中国近现代美术的起源》《来自世界的祝贺——国际美术珍品展》《锦绣中华——行进中的新世纪中国美术》《上海历史文脉美术创作工程作品展》以及"名家馆"5个部分组成。此后，各式各样的展览，以及众多具有实验性质的展览连连上演。

世博会的浦东主题馆，建造时就按永久性展览场馆的要求，所以，世博后就像川剧舞台上的花脸，一抬手，轻轻松松变成标准展览场馆，现在改名为世博展览馆，可以毫无压力地自我介绍是一座设施先进、布局合理、节能环保、交通便捷、功能齐全的高规格、现代化、国际性会展场地。

它最受沪上谈婚论嫁的年轻人的追捧，2012 年 6 月到 2015 年 12 月，它办了 16 次婚博会，真是喜气洋洋啊。认识一对准新人，从进入热恋阶段就往婚博会跑，年头跑到年尾，我奇怪之下问"你到底是跑婚博会还是结婚用品商店啊？怎么一年到头都有。"他给一解释，我弄明白了，婚博会一年四季，每季一场，恋爱结婚到生子诸事项的服务商品一站搞定，还方便货比三家，准小两口不必为结婚跑断腿了。

法国馆摇身变作上海 21 世纪美术馆，这个定位倒契合人们的预期，也与"漂浮在地面上的白色宫殿"形象吻合，新美术馆原汁原味保留了场馆建筑特色，只是打破了原来的空间分割，增加了全新的核心艺术展区。众所期待的沙特馆改名为"月亮船"，继续迎接各地游客。馆内分为珍宝剧院、艺术走廊、屋顶花园。曾经因为太长的队伍没能入内参观的遗憾，可以得到弥补。塘子泾路 191 号改建成了 2062 新能源主题公园。公园以未来新能源科技为主题，融合科普、多媒体互动、娱乐、电动车及卡丁车驾驶体验及餐饮休闲等多种服务与配套设施于一体。在此，游客不仅能体验最酷最先进的新能源汽车试乘试驾，还能了解新能源汽车的知识……

特别要说的还有世博轴区域，这里成了时尚娱乐中心。沿着轴线，建起了大型购物商店、世界各国风味饮食、各类娱乐场所，轴上保留有大量休闲小品，买买买，吃吃吃，然后散散步，

世博轴

累了坐下小憩，不亦乐乎。想起朋友的羡慕"上海人好福气！"的确如此，生活在上海，每天都碰得到我们的小确幸。

世博留给上海有形的硬件，但无形的影响更深远。2015年浦东新区公布"十三五"规划，一个最大的动作是拆除陆家嘴黄浦江边占地5130平方米的江景餐厅"海鸥舫"，将黄浦江浦东段滨江地带的血管瘤割掉，打通杨浦大桥至徐浦大桥间21公里长的岸线，陆家嘴、世博园区、前滩串起来，建设"浦东滨江国际文化集聚带"，这里将是文化集聚轴、生态景观轴、运动休闲轴以及产业发展轴。

想象一下，不远的将来，周末来趟远足，从杨浦大桥滨江绿地出发，迎着江风，一路看船来船往、摩天大厦、散发着沧

梅赛德斯 - 奔驰文化中心

桑感的老厂房、现代韵味的城市雕塑，直走到徐浦大桥。不是梦想，到 2018 年就可以这么干了。

"城市，让生活更美好"（Better City，Better Life），这个 2010 世博主题，依旧在上海延续。

老厂房也很时尚：工业遗址的新生

　　传统工业发展比较早的上海，因产业调整、城市建设，关闭了不少市区的工厂。相对而言，浦西的工业遗产保护起步早，旧厂房华丽丽地变身，跻身时尚创意园区。现代与传统，时尚与沧桑，交相辉映，昔日老厂仿佛从时空隧道穿越而至，一露面便惊艳了时光。成功案例一个接一个，口碑和知名度都很高。而浦东有100多处工业遗产，蕴藏着近代上海工业文明、科学技术和城市化进程的发展轨迹。对它们的保护利用虽然落了浦西几步，但好在吸收了上海工业遗址改造的经验，胜在起点不俗。

　　2010年上海世博会对黄浦江两岸工业遗产的再利用，使得该区域原本默默无闻的老厂房成为全球瞩目的焦点。世博浦东片区里，原浦东钢铁厂区域内长达近1000米的厚板厂巨构厂房，被裁为两段，形成物流仓库和世博的中南美洲联合馆，老的特钢厂巨构厂房被建成宝钢大舞台。原上海溶剂厂（最早的酒精厂前身）、港口机械厂的九幢小洋房，摇身变作五星级洲际酒店的一部分，酒精厂的锅炉房被改建成了宝莱娜餐厅酒吧，一幢中型厂房成了生态办公楼的裙房。浦东钢铁厂的前身——和兴钢铁厂，留存的一处码头建筑，因其结构特色鲜明，变成滨江公园配套设施建筑的一部分。种种创意让人们大开眼界。

宝钢大舞台

　　榜样的力量是无穷的，受世博效应的辐射，2010 年浦东民生码头的改造进入日程。多年未使用的民生码头目标锁定在 2016 年重新启动，只是这个亚洲曾经最大的粮仓重生后不再

宝钢大舞台原为上钢三厂的特钢车间

民生码头粮仓

是码头，而被打造为上海的百老汇，定位成文化创意与休闲娱乐的综合体。

民生码头岸线约长 740 米，旧又称英商蓝烟囱码头，曾辉煌一时，凭借先进设备和规模成为远东首屈一指的新型码头。1956 年改称民生码头，是上海散粮、散糖装卸的专业码头，为市民的生活立下汗马功劳，21 世纪初落幕。

民生码头改造项目东起洋泾港，西至民生路，南至滨江路，北连黄浦江。整个园区以苗圃路为界，分为东区、西区。西区为演艺天地，设有剧场、影院、时尚发布空间等。东区为创意空间，主要是文化创意、国际、国内文化交流和集中展示区。

改造中最惹眼的是两座万吨筒仓，系黄浦江沿岸中心段保留的唯一的大型筒仓式建筑，八万吨那一座还是亚洲最大容量的散粮筒仓。按照规划，4 万吨筒仓被改造成为商务主体功能区，而 8 万吨筒仓及周边建筑将组成剧场、影院、餐饮、娱乐的综合体。

民生码头改造后保留历史建筑 12 处，将世界级滨江工业文化和金融服务业相结合，延续老码头的传统文脉，重新塑造具有当代特征的精神气质。

脑洞大开的创意，也迸发在陆家嘴滨江金融城的建设中。这一现代化高端城市综合体，就是在上海船厂基础上兴建起来的，被视作最大亮点的不是几个已落成的身价高昂的新贵，而是尚在改建中的老船台和老船厂。

话说上海船厂的前身是英商英联船厂和招商局机器造船

耶松船厂

厂。英联船厂是由祥生船厂、耶松船厂、董家渡船坞等厂坞经过多次兼并，合并而成。上海解放后，收归国有，更名上海船厂。招商局机器造船厂，创建于民国三年，民国十七年改名招商局机器造船厂，几度内迁，在抗战胜利后返沪，新中国成立后并入上海船厂。经过历年的基本建设和技术改造，上海船厂的规模和生产建设得到迅速发展，2005年搬离浦东，迁至崇明岛。从那时起，这块滨江宝地开启新的生活，拔地而起超甲级金融办公楼、高端商业地标尚悦湾、超五星级文华东方酒店、滨江豪宅等。新建的同时保留两处旧物，意在对工业遗址改造利用，其中老船台将改建为陆家嘴展览中心，祥生船厂变作"船厂1862"艺术中心。

寄望未来的陆家嘴展览中心能够唤起人们对这里造船工业蓬勃发展的历史记忆。于是，以原万吨轮下水的老船台以及一处老厂房为基础，陆家嘴展览中心整幢建筑的主体部分建于废弃的船排坡道上，外表看上去像是立体的骨架，建筑内部和船排的下方被打造为展览空间。完工后的建筑外部由金属网包覆，从外面可以看到内部的建筑结构，犹如过去上海船厂未完成的船体。

154年历史的祥生船厂变身为集时尚、艺术、展览、演艺为一体的艺术中心，并被命名为"船厂1862"老厂房剧院，将于2016年底建成。

　　2015年3月上海市新出台《黄浦江两岸地区公共空间建设三年行动计划（2015年~2017年）》，明确"黄浦江两岸地区将在三年内实现从徐浦大桥至杨浦大桥之间核心段的滨江公共空间基本贯通，逐步打造世界级的滨水公共开放空间。"我们有理由相信，对沿江两岸工业遗产的再利用，一定会赋予这个滨水空间，更浓郁的人文韵味。

浦东北滨江工业遗产——巨锚

沉淀了多少往事：多姿多彩的名人故居

　　近代浦东盛产名人，名人故居的资源是比较富足的。但故居又是不可再生资源，一旦遭遇破坏，便无法复原。日军的炮火毁了一批故居，"文革"砸了一批，然后我们还必须承认一个事实，在改革开放发展经济的大潮中，一度忽略了故居的保护，又拆了一批。由此盘点一下，家底无几了。故居的保护让今天的浦东人感到紧迫，他们也十分重视，从政府到村镇总动员，寻找、考证、确定，拨款、动迁、修缮，一批批携带着人文基因、沉淀着往事的名人故居相继开放。一处故居记载一段厚重的历史，让人们得以了解浦东这片土地深厚的人文底蕴。

　　浦东名人故居中级别最高的是张闻天故居，2002 年 6 月 25 日，国务院确定张闻天故居为全国重点故居，也是浦东唯一一处进国家目录的故居。

　　张闻天故居地处浦东机场附近的机场镇闻居路 50 号，东海之滨，钦公塘横卧南北，浦东运河在村西缓缓流过。这是一座建于 1892 年的民宅，具有浦东农村传统风格，坐北朝南，前面原有一俗称"秀才亭"的木亭子，现已拆除。1990 年纪

念张闻天 90 周岁诞辰，故居得以修复，卧室、书房、客厅、厨房照原貌恢复，当年旧家具能找到的都搬了进去。

张闻天 1900 年 8 月 30 日诞生在这里，幼时随父母住在客堂北面卧室，西侧有书房，11 岁离家到南汇的振兴小学读书，17 岁去南京河海工程专科学校读书，以后还曾回家居住多次。他曾经在日本、美国留学，也是浦东海归中的一员，是早期中共领导人中唯一有留美经历的。"五卅"惨案后，他加入了中国共产党，在长期的革命斗争历练中成长为杰出的无产阶级革命家和理论家、忠诚的马克思主义者，中国共产党相当长时期的重要领导人。

张闻天故居门前的道路现称为闻居路，有网友赞一条路因故居而命名，上海对名人故居的重视可真是不简单。可是如今闻居路上最广为人知的却非张闻天故居，而是保税区的免税店了，闻居路的由来怕也是知者甚少。故居保护硬件到位了，软件还需加把劲。

同样具有重要历史文化价值的内史弟却没有张闻天故居那么幸运，1988 年遭到拆建，三分之二没了。呼吁的人多了，终于引起重视，2004 年立项拟复建，直到 2013 年 4 月 16 日才完成开放，位置就在上海迪士尼旁。

黄炎培

内史第是黄炎培诞生成长的家，是宋氏家族成员居住了十多年的地方，胡适、黄自、黄竞武等十多位历史文化名人都曾在这里居住，是一座具有独特建筑风格、艺术价值和人文历史的宅第。

内史第原名沈家宅，是清朝川沙人沈树镛的宅子，他中举后，官居内阁中书，宅邸被称作了"内史第"。整幢建筑具有典型的汇南城镇风貌门，大门口有古典精致的仪门，飞檐峭壁，正面有"凤

上世纪末的内史第

沈树镛像

戏牡丹"等砖雕，门楼雕有"华堂映日"；背面刻着"德厚春秋"的大字，凝厚庄重，门枋上雕有凤凰、牡丹等图案装饰，下面基石为盘龙石刻。沈树镛的儿子沈肖韵是黄炎培的姑夫，他喜欢收藏，在内史第中藏有大量碑帖、

内史第原称沈家大院，为沈树镛祖上所建

古籍、中外书籍，对黄炎培的成长形成相当大的影响，黄炎培就是在这里读到赫胥黎的《天演论》的。

内史第还是宋氏家族居住纪念地。宋嘉树1890年成为川沙的传道士，家安在内史第的沿街坊，宋庆龄、宋子文、宋美龄都诞生于此。三姐弟在此度过少年时代。

内史第虽然做了弥补性修复，到底不是原汁原味，文脉的基因流失多半，总令人抱憾。

这么看来，颍川小筑得以完整保留，真是奇迹。这幢建筑位于寸土寸金的陆家嘴中心地带，对面就是上海中心、金茂大厦和环球金融中心。为此，不少人惊叹"高楼林立的陆家嘴，建一片中心绿地已属不易，保留一栋老建筑那绝对是大手笔了。"

颍川小筑也经历过惊险的一刻，大院门墙1991年因扩大

颍川小筑

陆家嘴路而拆除了。好在在 1996 年的动拆迁中，完整无损地保留下来，修缮后成为陆家嘴开发陈列室。2010 年改为吴昌硕纪念馆。

关于这幢老房子改成吴昌硕纪念馆还曾引起争议，有人认为名不副实，因为这里并非吴昌硕故居，而是上海的另一位名人陈桂春的宅第；另一种看法是，把此处辟为吴昌硕纪念馆，也为名人故居保护开辟了新思路。实际上，吴昌硕与陈桂春交往密切。

陈桂春也是名头响当当的一个人物，民国《上海县志》收录了他的名字，记录他在辛亥革命的关键之际为革命筹措军费的义举。他因从事驳运业致富，于1922年在此建宅，用祖先发祥地——颍川命名，所以称颍川小筑。他和浦东同乡会成员一起创办浦东第一家西医医院即今东方医院的前身，还是首任院长。吴昌硕为支持他办医院，多次在颍川小筑创作义卖筹款资助，平常也与朋友在此切磋画艺作画。因此，吴昌硕纪念馆在2010年从原华夏文化旅游区内迁到此处，也算事出有因。

颍川小筑总体呈长方形，坐北朝南，红墙翠瓦，双层二楼，四进三院，是一幢融东西方建筑文化为一体的优秀近代建筑。抗战期间，宅院被日本宪兵司令部占用；解放战争时期，宅院被国民党警备司令部占用；新中国成立后，宅院内曾办过工厂，设立过东昌区陆家嘴办事处、税务局；1958年后又成了72家房客的住所。直到2010年改为吴昌硕纪念馆，也是几经磨难有惊无险，终于以吴昌硕的名义安定了。

在一所中学内保留名人的故居，全国也不多见。上海营造业泰斗杨斯盛故居就坐落于浦东中学内，建筑面积992平方米，砖木结构，三间两厢房，人字屋顶小青瓦、白粉墙，正面有14扇落地长窗，檐下铺青石地坪。

浦东中学于1907年春由杨斯盛捐资创建，请黄炎培任首任校长，是上海成立最早的一所完全中学。为了这所学校，杨斯盛呕心沥血，"毁家兴学"，他一生累积财产白银40万两，其中30万都用于创建浦东中学。学校才建成不久，杨斯盛积劳成疾与世长辞，病故前留下遗言"杨氏子孙不得干涉校产校务。"[1]

浦东中学内的杨斯盛雕像

杨斯盛生前把自己的住宅建在学校，是想每日聆听书声。故居名就是"静听书声"，饱经风霜一百多年的浦东中学内，校容校貌已经发生了巨大变化，杨斯盛故居还是原物。故居经历了1987、1997、2004年的三次较大规模的维修，风貌如旧，是名人故居中保护得比较好的。

[1] 唐国良主编，《近代东外滩》，上海社会科学院出版社，2013年1月

修缮中的浦东下沙傅雷故居

　　著名翻译家、文学艺术家傅雷也是浦东人，他在浦东的故居的修缮过程一波三折，到现在尚未完成，令人唏嘘。傅雷在浦东有两处居住地，一处是出生直至4岁前的下沙王楼傅家宅，4岁以后因父亲故去，随母搬至周浦镇曹家厅。现在挂牌的傅雷故居就是他4岁前的住地，下沙王楼的傅家宅，系清道光年傅雷祖父傅炳清所建。故居是一个独立的庭院，门面房坐北朝南，砖木结构，面阔七间，悬山灰瓦顶。小楼为三层西班牙式建筑，但三楼是尖顶阁楼，所以也可称为假三层。

　　这幢小楼也曾经住过72家房客，杂乱破败，2012年航头镇政府启动保护性修缮，为尽可能接近历史史实，镇政府多方寻找，请来了当年傅雷家的保姆兼管家，90岁高龄的老人思路仍然清晰，提供了当年傅雷的生活起居、室内摆设及傅雷与社会名流的交往等信息，复原有了一定依据。按照规划应 3~5 年完成。至于周浦镇，则早在 2008 年 2 月，将周浦八一中学更名为"上海市傅雷中学"，也是表达对傅雷先生的纪念。

名人故居是城市独特的文化基因和人文沉淀的重要载体，浦东爱国志士、文人大家、商界精英辈出。他们的风采、他们的往事沉淀在故居里，那些旧旧的房子是一部部厚重的历史。对名人故居的尊重与保护，考量的是城市的文化高度、管理者的智慧、市民的修为，身为改革开放龙头的浦东，理当先行一步。

灯火阑珊映古韵：新场、高桥

被耀眼的改革开放成就光芒所炫，人们的印象中，浦东代表现代化，代表改革，代表创新。于是，很长的一段时间内，世人都忘了，浦东的先民，在 1000 年前已住在这了，把来过的信息也留下了，有些已被岁月冲刷，有些还在岁月中坚持。随着浦东开发的深入，随着心底乡愁的苏醒，上海人终于发现，怀旧不必非江浙古镇不可。"众里寻她千百度，那人却在灯火阑珊处"，浦东，在地铁公交可抵达的地方，就有保存得完好的古镇、古村、古味道。现代化的河流，经过这些古老的地方时，仿佛河面蓦然宽阔，水流顿时缓了下来，并没有过多地惊扰当地的生活。我们依然看得到，青石板铺就的路，手工绣出的织品，热热闹闹的龙舞；品得到古法酿制的酱油，自老灶头上烧出的老八样。

"于千万年之中，时间的无涯的荒野里，没有早一步，也没有晚一步，刚巧赶上了"，我们已错过了那些消失的，不能再错过还在坚持的。现在，马上，随我去浦东，那些还在飘着古早味的地方。

　　新场镇和高桥镇是浦东新区两个由国家批准命名的中国历史文化名镇。同为古镇，画风还是有鲜明区别的，新场是一幅岁月安好的秀美；高桥天生一股恢宏的气势。

　　"小巷街头亭屹立，故宅门背榴映红"，一定是时间经过新场时，放慢了脚步。那些古镇的标配：拥挤的人、嘈杂的商贩、此起彼伏的吆喝，尚未在此装备。这里保存了大量的优秀历史建筑、未曾修饰的整洁街道，穿镇而去的河还是历史遗留下来的原样。民间手工艺术，棕叶编织及民间绘画也还是那么原生态。据说，在改革开放后，新场曾经动过"上房揭瓦"的念头，然而阴差阳错，引资一直不成功，索性收了心思，过自己的太平日子。这个名字中有个"新"的镇，意外地为上海保留了一处难得的旧时风物，"是体现古代上海成陆与发展的重要载体，

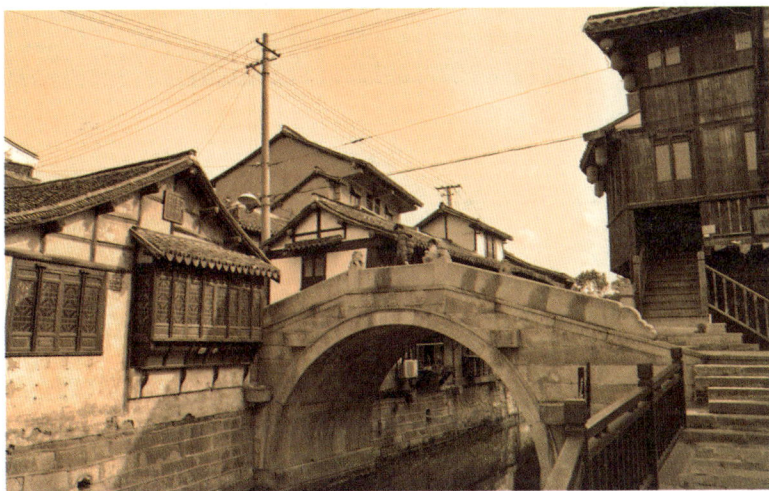

新场古镇洪福桥

新场古镇

近代上海传统城镇演变的缩影，上海老浦东原住民生活的真实
画卷。"[1]

新场成镇源于制盐业，旧时南汇的下沙盐场的场部设在下
沙镇，到元代把场部搬到石笋里——即原来下沙盐场的头场，

---

[1] 阮仪三、袁菲、葛亮，《新场古镇：历史文化名镇的保护与传承》，东方出版社，2014 年 9 月

老场搬了新家，这个地方就叫"新场"。今天，新场依然留存着古盐场的格局——河道的走向分布还是盐场通常有的样子。新场镇区东侧的一条条港，保留着当年"灶港"的名称，自南向北分别成为一灶港、二灶港直至七灶港。数十处昔日盐商的宅第院落遍布全镇；不少地名、桥名亦与盐场有关。

新场现有约 10 万平方米的民国以前的历史建筑，其中有 4 万平方米为二进以上的传统民居格局，三进以上的院落有 20 座。古镇民居的一大特色是家家有水桥，有的水桥（水埠）从房里伸展出，即使下雨下雪，出入也不会淋着雨雪，有的水桥可左右上下，称马鞍水桥。临河人家为既充分利用土地又使地基坚实，河边都砌石驳岸，驳岸上镶嵌着一个个"牛鼻"用来系船。十七座马鞍水桥，形态各异，年代不同，早的始建于宋代，晚的建于民国，水桥和驳岸连在一起，形成一道古河岸石雕博览会，如诗似画。"马鞍水桥石驳岸"被定为区级文物保护单位，古镇南山寺后有两棵古银杏，已经六百多年，荣登市园林局古树名木。

古镇洪福桥畔有座百年茶馆——第一楼茶园，是一座三层临河建筑。新中国成立前，茶楼底层是中共地下党的联络点，老一辈革命家陈云曾多次来过这里；电影《色戒》也在这里取景，汤唯曾妖娆地走过。几年前修旧如旧，平日里有说书艺人驻场，茶客悠闲地饮一杯茶、听一档书。历史建筑奚家厅是清末风格的传统宅院，砖木结构，建筑面积 800 多平方米，几进几出的院落出其不意地营造出"里弄深处有人家"的惊喜，其中式木雕工艺装饰和西式罗马柱结合，呈现海派建筑特有的韵味。

清末举人叶汉丞，是南汇最后一个举人，也是新场走在科学救国、实业强国行列中的第一人。他创办了全国第一个大学的药学专业，是国内第一个研制甘油和民族品牌肥皂五洲固本肥皂的发明家。吴仲超——曾任故宫博物馆馆长，1929 年时为地下党新场支部的书记，后来参加新四军，新中国成立后任国家文化部副部长，为新中国的文博事业作出了巨大贡献。

民俗文化是开在新场的奇葩，目前在新场的国家及市、区非遗项目有锣鼓书、刮子书，江南丝竹、浦东派琵琶等；灶花、刻纸、石雕等古老的艺术，在新场也有传承人，于寂寞中顽强地绽放。

"万里长江口，千年高桥镇"，高桥镇位于长江、黄浦江和东海交汇处，三面环水，唐代成陆。其历史文化遗产丰富，位于镇东北、外高桥保税区港区西侧的老宝山城遗址，以及太平天国烈士墓属于市级文物保护单位。中国最早灯塔建在这里，那是 1412 年，平江伯陈瑄在今老宝山城东南临海处筑土山，"东西各广百丈，南北如之，高三十余丈"，"烽火墩则昼举烟，夜则明火，为往来船舶指明航向，是我国航海史上第一个航海

高桥古镇

灯塔。"[1]

在 20 世纪二三十年代，以王松云、钟惠山等为代表的西式建筑营造商，把中西合璧的建筑理念和风格带回了家乡，高桥镇的建筑包括民宅普遍具有一种"洋"气，是古镇海派特色的典型代表。钟惠山的宅第钟氏民宅，占地 3 亩，建筑面积 2000 平方米，采取了砖墙立柱，抬梁式混合结构，是典型的中西混搭式大宅。仰贤堂为沈晋福致富后回家乡建的住宅，占地 1 亩，正面呈传统中式，背面层叠的阳台一股西式味道。整幢建筑，中式格局西式材料，亦中亦西。"海上闻人"杜月笙为光宗耀祖也回家乡建了杜家祠堂，祠堂的主体毁于日军的炮

[1] 唐国良主编，《人文浦东》，上海社会科学院出版社，2009 年 3 月

火，仅剩藏书楼。这座幸存的小楼充满西洋风格，门廊、露台、壁炉以及装饰细节，中式西式相得益彰。

古镇走出了一批名人，元代有航海家张瑄；明代有军事家孙元化；清末民国，有辛亥志士、上海市政建设先驱李平书，营造大家王松云、钟惠山，还有"海上闻人"杜月笙等。

高桥，又名翁家桥，跨黄潼港，桥不高而名颇著，镇以桥得名

古镇还出了位海派画家的领军人物——钱惠安（1833~1911），曾任上海"豫园书画善会"首任会长。他生在高桥的农民家庭，也是自学成才的典范。他的画继承了传统绘画的精髓，特别是从年画杨柳青中汲取营养，又吸收西洋美术的特点。最特别的是他以自画像入画，显示出国画史上前所未有之画家自我意识，财神、文士、寿星、老农、渔夫，都是他自身的幻化，妙趣横生。程十发誉其为"海派艺术宗师""海派源流"，高桥的钱慧安纪念馆门楣上"海派源流"四个字就是程十发题写。

古镇至今保留浓郁的"上海本帮"风情，灯会、庙会、龙舟等传统民俗活动，上海绒绣、高桥松饼等非物质文化遗产得到了有序的传承。

浓油赤酱之源起：老酱油老八样及灶花

原来，头戴红顶子花翎、身穿黄马夹经商的并非只有杭州的胡雪岩，昔日浦东"奉川南"三县名人钱锦南也拗这个造型。他是天主教徒，有个开牛肉庄的天主教友，两人思维都十分活跃，会几句"洋泾浜"英语，趁着给外国人家里送牛肉时，搞了个"买一送一"，送的是钱万隆酱油。有个老外品尝后，夸了句"妙不可言"，就被钱锦南拿来作文章，那时候没有网络，

钱万隆酱油

就靠口口相传，他把"妙不可言钱万隆酱油"打造为流行语，钱万隆酱油遂成为本帮酱油代表。钱锦南即是钱万隆酱油创始人，酱园于 1880 年开张。

钱锦南故去后，儿子钱子荫接手经营，选址张江栅新街北首建新酱园，四开间门面，约 16 亩，遵循的是钱万隆的遗言"天圆地方一佛尊，四维隆中奠基业。温泉琼浆造物华，钱通万隆鼎兴时。"他在酱园的后面，挖出浦东第一口深井，用 18℃左右的地下水来酿造酱油；同时采用东北黄豆作主料，优质的江南小麦和大米为辅料，炒怡糖为增色剂，制作流程复杂，工序足足 12 道，成品要历时 2 年才酿造的出，口味香醇，鲜感爽口，色泽油亮，酱油曾经卖出了豆油的价格（从前的豆油"身份高贵"）。

钱万隆酱园老店至今仍保有百余只"老古董"级别的大酱缸，缸里都是一代代传下来的"老汤底"，坚持"老方子"，加上酿造技艺"口传心记"不走样，成了"活着的、发展着的传统生物工程样本"。因此，钱万隆酱油酿造技艺入选第二批国家级非物质文化遗产名录并不令人意外。上海本帮菜的特点为浓油赤酱，没有酱油也就没有了本帮菜的标准味道，说酱油造就了本帮菜也不夸张。然而，与那些十几天就可酿造出的成品酱油相比，钱万隆酱油耗时一年以上酿造，实在奢侈了点，往日的风光随着老址的拆迁也日见冷清。

浦东老八样之"扣三丝"

浦东老八样之"蒸三鲜"

　　而同属浦东的周浦镇年家浜路上名为"别具一阁老八样"的饭店却热闹非凡，从各地来的人，不惜等上2小时，就为品尝"浦东老八样"——一桌形成于明清时期的，依旧保留着老味道的浦东菜。曾经，钱万隆的酱油是它们的上佳佐料。

　　老八样由扣三丝、扣白斩鸡、扣咸肉、扣红烧鱼、扣蛋卷、扣三鲜、扣走油肉、肉皮汤等八道热菜组成，外加一个什锦拼盘，组成一整套菜肴。食材和题名带有吉祥、喜庆和祝福的含义，像扣红烧鱼寓意年年有余，扣三鲜寓意三阳开泰。什锦冷盆内放有海蜇、猪肝、肚片、白切肉、花生米、皮蛋、肉松等一共十样菜品，寓意十全十美。"老八样"中的绝大多数菜最后都要用大碗扣出来，再端给食客享用。

　　为什么采取"扣"的方式？以前浦东本地摆红白喜事至少要摆上二三十桌，向村委借个场地，请厨师上门烧菜。因陋制简，蒸制的菜肴最方便同时上桌。待到开席时，蒸笼打开，一碗碗蒸菜倒扣到盘中，热腾腾、菜品规整，色香味俱全，上菜快速，很适合过年过节人多的时候来做。厨师们变幻出各种不同口味的蒸菜，也逐渐丰富了浦东老八样的种类，成为独树一帜的地方系列菜肴。

如今仅周浦镇的年家浜路上就有十几家餐馆打出浦东老八样的招牌，而三林镇、惠南镇、新场镇等地的老八样餐馆也不计其数。哪里最正宗？究竟是哪八样？也胶着在公说公有理，婆说婆有理的状态。这一切都在佐证着老八样受欢迎的程度，老八样甚至进了川沙新镇迪士尼度假区民宿的菜单中，让世界来品尝浦东的老味道，领略原汁原味的浦东饮食文化。老八样的火，也带起了一些旧的食俗，新年的惠南镇，老宅子前，久违了的大白菜、腌腊肉，又在每家每户前挂了起来。这些晒着太阳，被风吹到空气中的酱香味、腌腊味，这些沿袭了几千年的走亲串户，所撩起新年的味道，让人们对新年有了期盼。

南汇灶花，是在追寻浦东老八样的途中，一场意外的邂逅。

中国百姓一直认为自家的灶头里有上界派下来的灶头君管事，此神的权限范围相当大，不光是炉灶，人间善恶他都管。所以，人们一直对灶头君恭敬有加，灶花的原始用意，就是向灶头君也就是灶王爷示好。南汇人感到只有一堵白墙的"豆腐灶"会惹灶王爷生气，必须请泥水匠在自家灶头上方石灰墙上绘制灶头画，这一习俗有上百年的历史。灶上的画重在寓意，其次是装饰，通常以黑线勾勒为主，配上精美的彩色画，在雪白的灶壁上显得对比强烈。常见的题材有"竹"寓意"祝（竹）报平安"，"鱼"意味着"年年有余（鱼）"，山水祈求"一帆风顺（画中必有帆船）"，"鹰、鸽"，表达"雄鹰展翅、和平吉祥"的良好愿望。从灶头画上，可以读出这家人家的愿望。

南汇灶花

　　灶花纯为寻常百姓的自娱自乐，经过了数百年的大浪淘沙，绘画技艺日渐提升，出现了既能砌灶又能画出优美灶花的灶花画师，每个乡镇都有那么一二个知名的"灶花师傅"。直到近年随着煤气的普及，传统炉灶退出百姓的日常生活，灶花也随之消失。再度重新出现时，已换了地方，走上民间艺术的舞台。

老味道里藏着乡愁，藏着母亲的温暖，我们记住传统风味，是为了记住城市、父母对我们的养育之恩，也是为了更清醒地思考"我是谁、我从哪里来？"

浦东人的艺术派：非物质文化遗产

    71项非物质文化遗产保护项目，其中国家级8项，浦东的非物质文化遗产项目数量位列全市各区县第一。2013年6月8日浦东"非遗"展示馆在迎春路324号三楼开展，同时浦东新区首批13家区级非遗传承基地挂牌。这一举措在上海区县中也是第一，可以说在保护力度方面，浦东也走在上海市各区县的前列了。

    浦东锣鼓书、浦东说书、浦东宣卷同为说唱艺术，一家三兄弟先后进入国家级非物质文化保护遗产目录。浦东锣鼓书和浦东说书更加亲近些，有同一个祖师爷——南汇人顾秀春。

    顾秀春家的地址读出来也跟说书似的：南汇大团镇三墩二团顾家大院。他生于清嘉庆年间，能说会道，善于讲故事说笑话，据说在朋友怂恿下，借了道士的破钹和圆通当道具，在当地茶馆说书，开始在农村或集镇说唱，一来二去发展到了浦西。他有两个徒弟，一个叫褚兰芳，另一个叫唐振良，也有人说唐振良系褚兰芳的徒弟。民间说唱都是口口相传，没有文字记录，历史演变线索比较杂乱，各执一词，反正这俩都算他的传人。

大团锣鼓书演唱队

　　锣鼓书的成长经历是从太卜、太保、因果书、沪书、农民书直到锣鼓书。锣鼓书这个名字是1961年新得的，新中国成立前民间称太保书，由太卜衍化而来，太卜是上海郊县农村中求保佑太平的活动，类似道教的道场。但是，到"因果书"这儿，又转与佛教僧人说唱"因果报应"联系上了。所以，说锣鼓书源自道教也好佛教也罢，都不算错。太保书经褚兰芳、唐振良传播，扩散到了松江和浙江的平湖、嘉兴一带。并形成了以川沙、南汇一带为主的"东乡"调，和以松江、金山一带为主的"西乡"派。历代艺人的不断改进创造，留下"说、表、唱、做、自击鼓；手、眼、身、法、步加舞"的十字艺诀。

　　新中国成立后，太保书改称"沪书"，一度因涉嫌宣传迷信被禁。1957年，南汇艺人胡善言创作新锣鼓书《打盐局》，参加全国南北曲艺调演，引起专家重视，锣鼓书迎来了春天。20世纪60年代进入全盛时期，南汇区曲艺团表演锣鼓书的演员有108将。八十年代后走下坡路，而且一发不可收拾，濒临失传。2004年4月，入选第一批国家级非物质文化遗产名录，项目传承人谈敬德是土生土长的新场人。在新场镇，谈敬德尝试在锣鼓书的音乐中结合爵士乐的节奏，以更契合现代人的审美。

浦东说书起步于太保书的因果书阶段，经历了因果书、沪书、农民书。因此，应该是打太保书中分离出来独自立门户的。它结合浦东的语言、语音、语调，自击自说唱，又吸收了浦东的山歌、田歌、盐歌、渔歌即兴创作的旋律。虽然晚于太保书，但发育得明显强壮，是上海仅次于"滑稽"的大曲种。

浦东说书在2008年入选第二批国家级非物质文化遗产保护名录，北蔡镇的陈建纬和眭朝晖被命名为第一批浦东说书代表性传承人。抓住近邻迪士尼的优势，北蔡镇对已有"催轿""过桥""拜堂"三幕的《嫁女歌》进行再创作，形成一部以浦东说书元素贯穿始终的、从"说媒"起到"闹房"结束的六幕浦东民间婚俗风情展示剧，一旦作品完全成熟，将作为中外游客游玩迪士尼之时了解浦东、观赏民俗的一个驻场演出。

浦东宣卷并非浦东亲生的，是从苏州宣卷抱养来，当亲生的养。起初流传在浦东西部，渐渐地浦东方言代替了苏州话，长成了地道浦东人。宣卷是佛教徒及其信徒宣讲宝卷的一种称法，在唐五代时期已出现，明代经典《金瓶梅》中的女尼薛姑子和王姑子，在西门庆家窜进窜出，打的旗号就是给西门家一众莺莺燕燕们讲宣卷。

但是，浦东宣卷一直没有形成锣鼓书或浦东说书那样的气候，局限于庙会和婚、寿、满月等喜庆日演演，属于浦东民间曲艺中的晚熟型。直到2008年，周浦镇开展非物质文化遗产大普查，文化干部意外发现了这种流落民间的曲艺形式，申报成为区级非遗项目。并着手对浦东宣卷进行了系统梳理，成立专门演出队，在表演形式上作了改良。2013年推出的新剧《都市里的女村官》，讲述大学生红梅带领村民发家致富的故事，登上中国群众文艺创作的最高奖（群星奖）的舞台。2014年，浦东宣卷超越其前辈苏州宣卷，晋级第四批国家级非物质文化遗产保护名录。

浦东宣卷

浦东宣卷《红梅劝酒》

三林舞龙表演

　　舞龙是最能引燃狂欢的民间艺术，龙舞到哪儿，哪儿沸腾，舞到浦东改了，"绕"代替了"舞"，少了一分豪气，多了一分婉转。龙灯绕起来，绕进第三批国家级非物质文化遗产名录。

　　绕龙灯是浦东传统的体育娱乐活动，最主要的特点就是以龙的姿态、动作为模仿对象，各种舞步、技巧都具有龙的造型特点，舞动时"人紧龙也圆，龙飞人亦舞"，绕得既狂且活。浦东的龙在三林绕得最欢，三林舞龙融会了舞蹈的肢体语言、戏曲的步法亮相、武术的精气神韵、技巧的翻滚腾挪。小小三林有舞龙队20多支，在国内、国际重大比赛中夺得金牌43枚。经常出访，到世界各地去绕。

码头号子

"吭呦啰、嗨唷嗨"，使着洪荒之力吼出的号子，因原始
酣畅而别具一格，吼入 2008 年第二批国家级非物质文化遗产。
早在 1934 年，人民音乐家聂耳在上海港码头体验生活时，就
被节奏明快、势如长虹的号子声吸引，创作出了脍炙人口的《码
头工人歌》。

码头号子就是码头工人的入门第一课，当年来上海，谁若
要想当一名码头工人，首先要学会喊号子。已发现的规模最大
的码头用杠棒是 8 根，须 16 个人同时抬，抬过最重的一件货
物有 2 吨多重。16 个壮汉同时发出吼声，那种气吞山河的场
面很有震撼力。在劳动中诞生的"码头号子"，虽然简单，但
音乐风格鲜明，种类也非常丰富。上海的码头工人来自不同方

言区，有本帮、苏北帮、湖北帮、宁波帮，带来了特色鲜明的口音，融合成"上海港码头号子"，既包含各地方言的语调、节奏，也有各地的民歌唱腔，具有典型的海派特征，见证着百年港区的变迁。

2011~2012年，浦东塘桥街道24位老人组成的民间艺术团，将上海港码头号子带到德国和巴西的国际民间艺术节，参加文化交流活动，海派风味铿锵有力的号子，赢得世界知音。

浦东的国家级非遗项目中热闹的民俗活动居多，浦东派琵琶相对而言就阳春白雪了。浦东派琵琶主要艺术特征为：演奏武曲气势雄伟、演奏文曲沉静细腻。尤其是弹奏武曲，往往运用大琵琶，讲究开弓饱满、力度强烈，故而保存和发展了一些富有海派特色曲演奏方法。

浦东派琵琶

洋泾绒绣作品

浦东派第六代正宗嫡派传人林石城

琵琶的浦东派创始人是清乾隆、嘉庆年间的鞠士林，第四代传人是沈浩初，他本身是名中医，以票友的身份，在浦东派琵琶的艺术和理论方面贡献卓越，著有《养正轩琵琶谱》。他的高足林石城先生成了专业音乐人，1956年应聘为中央音乐学院教授，在各大专业院校教授琵琶。

林石城的儿子林嘉庆现在是浦东派琵琶传承人，他演奏的《十面埋伏》，在 2014 年被制作成 5.1 环绕声音像制品《十面埋伏》，首开以现代技术保留传承浦东派琵琶的先河，也是对非遗保护的一次尝试。

浦东的国家级非物质文化遗产中，唯一属于"静"的艺术是上海绒绣。它在特制的网眼麻布上，用彩色羊绒线绣出各种画面和图案。有意思的是，这一工艺竟然属于舶来品，追根溯源，它最早可能是德国贵族女性的消遣，由德国传教士带到山东烟台，再传入浦东，经当地妇女巧手改良，把西洋品种用中国传统的刺绣针法绣出来。20 世纪 20 年代初，浦东人杨鸿奎，在陆家嘴的花园石桥开办纶新绣花厂，随后不断扩大。新中国

洋泾绒绣

成立后高桥刺绣生产合作社成立，绒绣逐渐由实用品转向艺术品，合作社改名为东风工艺绣品厂。

　　跟很多民间工艺的命运相似，绒绣发展起起伏伏数十年，绒绣艺人顽强坚持，在寂寞中摸索前行，融进中国传统的苏、湘、蜀、粤四大名绣的技艺，形成立体感强、色彩浓郁沉稳的风格，有"东方的油画"的美誉。

　　2010年上海世博会上，锣鼓书、浦东说书、绕龙灯、码头号子、上海绒绣等非物质文化遗产，陆续登台亮相，向全世界游客展示浦东民间艺术的魅力。

（除标注外，本书图片均来源于网络）

后记

　　"海派文化地图"丛书的第一推动力来自于中共上海市委关于制定"十三五"规划的建议,其中明确提出要"弘扬海派文化品格……基本建成国际文化大都市"。

　　2016年1月,在上海市政协十二届四次全会上,柴俊勇委员的提案《关于弘扬海派文化品格,加快建设上海国际文化大都市的建议》被《新民晚报》以通栏标题"让海派文化也做到全球连锁"发表。"海派文化地图"丛书自此起步。丛书按区分卷,分别介绍16个区的海派文化资源特色和与海派文化有关的知名人物,故称之为地图丛书。

　　2016年9月,在上海市政协文史资料委员会和虹口区政协共同主办的海派文化传承与发展研讨会上,市政协副主席高小玫深入阐释了海派文化的内涵、形成和特征,以及海派文化对于上海城市建设和弘扬上海城市精神的重要意义。市政协副秘书长齐全胜、市政协区县政协联络指导组组长顾国林、虹口区区长曹立强、市政协学习委常务副主任柴俊勇、市委宣传部副部长燕爽、市政协文史委常务副主任刘建、时任上海交通大学出版社总编辑刘佩英等为"海派文化地图"丛书举行了启动仪式。

上海的海派文化之热，起于新世纪初。2002年6月，上海大学"海派文化研究中心"成立，主任李伦新，副主任方明伦。2003年11月，上海交通大学"海派文化研究所"成立。熊月之教授任所长，戴敦邦教授任艺术总监。纵观新中国的上海媒体，谈及海派文化的有7000余篇，颇有声势。

新一轮的高潮，起于2015年的虹口。在上海文化发展基金会支持下，虹口设立了"海派文化发展专项基金"，两年后建起了"海派文化中心"。

与上一轮相比，今天的海派文化旋风更加务实。上海市社团管理局登记在册的"海派"社会团体10余家。上海工商局登记的以"海派"命名的企业有30余家，几乎涉及各行各业。与此同时，各类关于"海派文化"的学术研讨会、论文集及主题活动等层出不穷，微信公众号"海派文化"、以"海派文化"为主题的时尚杂志《红蔓》等亦流行开来……

2016年末，上海市政协召开优秀提案新闻发布会，《关于弘扬海派文化品格，加快建设上海国际文化大都市的建议》被评为优秀提案。海派文化再次被沪上媒体广泛关注。不少媒体都以"海派文化地图"丛书为新闻眼，踊跃报道。

"海派文化地图"丛书得到了各方面的大力支持。在中共虹口区委的两任书记吴清、吴信宝的关心下,丛书得到了"上海文化发展基金会海派文化专项基金"的支持,浦东、黄浦、杨浦、崇明政协迅即行动起来,知名作家、高级记者纷纷加盟参加创作。

浦东卷为全书第一卷。第五届浦东新区政协主席张俭表示全力支持。奚德强秘书长三次主持编撰工作的专题讨论。浦东新区政协表示要在人力、物力、财力、智力上,全方位给予《海派文化地图》丛书支持。办公室具体负责,档案馆、地方志办公室、群众艺术馆共同参与,出谋划策。"需要我们做什么,尽管说,我们无条件地全力支持。"每一次讨论,与会者均有备而来,贡献了不少富有建设性和启发性的建议。地方志办公室甚至将正在编辑中的《浦东历史上的留学生》一书的资料,都提供出来,先后提供的资料有一人高。感谢王玺昌、张宏、柴志光三位浦东老法师自始至终地全身心投入,感谢曾经长期在南汇、浦东政协工作的吴伟忠为本卷提供了多年创作的摄影精品。

书名在翻译过程中得到上海外国语大学黄协安老师及华尔街英语师生等的指导,谨表示感谢!

我们在编撰中说得最多的一句话,"要用海派文化的精神来编撰'海派文化地图'丛书。"说的就是"海纳百川",

感谢来自浦东新区方方面面的支持，没有各位的支持，不可能完成编撰。无百川相汇，何以成海。

丛书执行总主编 浦祖康

2017 年 8 月